石川遼「志」一直線

―戦い続ける若武者言行録―

早瀬利之
Toshiyuki Hayase

元就出版社

まえがき

石川遼が取り組むゴルフ姿勢については色々な見方がある。

2010年の中日クラウンズ最終日に12アンダー、58ストロークという驚異の記録を出したかと思うと、次の国内4戦目にあたる公式第1戦日本プロゴルフ選手権には、3年連続で予選落ちした。しかも予選2日目にOB3発を出し、取り返しがつかないまま、自滅した。

こうした大きな浮き沈みがあるたびに、ゴルフファンは「遼くんに何が起きているのだ?」「なぜコースに合わせた攻め方をしないのだ」と、原因が知りたくなる。

また高度な観察力のあるゴルファーからは、「毎日が練習ラウンドじゃないか。公式戦を舐《な》めている」と指摘する声もあった。

コースに出かけたファンの中には、「高い入場料金を払って見に行ったのに、予選落ちされてガッカリした。これでは賞金王に相応《ふさわ》しくない。せめて最下位でも本戦に残ってもらわなくちゃ。あとの2日分の入場券がパーになってしまった。何を考えてるのかな」と厳しい苦情も耳にした。

中日クラウンズで58を出したあとだけに、また2回出場したマスターズでは1打足りずに予選落ちしたこともあり、この2年間、石川遼を見る眼は大きく変わっている。

しかし、石川遼は当時はまだ18歳（今年9月17日で20歳）の未成年である。高校を卒業したばかりの新人プロに変わりはない。たまたま早すぎる賞金王になったばかりに、まるでタイガー・ウッズに並ぶ実力者と見られる節がある。

決して睥睨《へいげい》するわけではないが、日本の賞金王といっても、世界レベルでは50位前後と見るのが妥当で、過大な評価こそ慎まなければならない。

ただし、ファン心理は、そうではない。今にも世界の頂点に並ぶもの、と決めかかるところがある。そこには未完成の「18

歳の少年プロ」ということを忘れている。

　このギャップを埋める意味から、今回、出版することにした。「飛距離350ヤード」に向けての飛距離アップへの挑戦と、小ワザの研きを追い求める石川遼の思考を、2009年の日本オープンから2010年全英オープンまで主なトーナメントを通して覗き、分析してみることにした。

　そこには世界のメジャーを夢に一直線に突っ走る青年の姿が見えてくる。多分、2年後には夢に近づくであろう。

　悩みながら成長して行く姿が読みとれたら幸甚である。

筆者

石川遼「志」一直線——目次

写真撮影・提供――早瀬利之

石川遼「志」一直線

―戦い続ける若武者言行録―

2010年11月、タイガーウッズ（左）と

第1章

「いつかは」とスイング改造に取り組む

「14番のダブルボギーでカットライン圏内に入った時に、今までだったら一杯一杯になってたけど、今日は余裕がありました。こういう予選通過ができればいいですね。予選も通ってホッとしているので、あと2日、もっとスイングを良くしたい」（2009年　ブリヂストンオープン2日目）

スイング改造に入って事実上、１週目にあたる。

ドライバーショットで、ハンドファースト気味のインパクトでレートヒットするスイングは、足の長いアメリカやヨーロッパ選手のほとんどが、戦前からやってきたことである。戦後テレビが入り、ゴルフスイングを分析できるようになってからは特にはっきりしている。１例がサム・スニードやベン・ホーガン、若い人ではジャック・ニクラスなどのインパクトの瞬間は、レートヒットして体重をボールに乗せている。

特にアイアンではスピン量が加速し、高いボールが出るのでピンに絡む確率が高い。

しかしリズムがうまく合わずに、前週から右や左へとボールがブレていた。ブリヂストンオープン初日、16番ロングホールでは、左ドッグレッグの樹齢300年の杉の御神木越えに挑戦した。

このホールは御神木越えはできても、フックやドロースピンがかからないと、まっすぐに出て14番ホールへ抜ける危険がある。

ドロー系の人には、スプーンでトライする選手がいるが、それでは距離が足りない。上《う》手《ま》く行っても、左足下がりのライとなり、2打目が辛くなる。

遼はドライバーでドローボールに挑戦した。これまでのスイングなら、体が覚えているからドローボールが打てた。しかしレートヒットさせるとなると、ヘッドの返りがほんのわずか遅れてくる。

ヘッドスピードのない人ならクラブヘッドの返りが戻ってくるが、速い人ではストレートボールになる。予想通り、御神木は越えたがボールはスッポ抜けて、14番ホールとの境のラフにとび込む。2オンならず、2パットのパーに終わった。

3日目はアウトからスタートし、いきなり奥から5メートルを決めてバーディ発進。8番ショートは完璧なショットでバーディ。後半は12番が2パットのボギー。13番はグリーン60ヤード前までのナイスショット。ここをバーディにした。

その直後の14番はティショットを左OBに叩く。4オン2パットのダブルボギー。16番ロングのティショットはは御神木越えに成功。グリーンまで260ヤードのフェアウェイ。なんと4番アイアインでの2オンに成功した。ボールは7メートル右横。そこから2パットでバーディとする。

このホールといい18番のロングといい、ショットは完璧だった。改造も成功していた。会見では「トップと8打差ですか。トップは17、18アンダーぐらいまでいく気がするし、そこまでは遠いですけど、1日5アンダー以上、2日で10アンダー辺りを目標にしたいです」。頭の中は優勝争いではなく、まだスイング改造にあった。

「いま、自分のスイングを新しくしていく段階なので、あの程度の曲がりを怖がっているようでは、まだまだ、だと思います。この調子で練習して、コースでも練習したものをやって行けば、いつかよくなって行くと思います」（2009年　ブリヂストンオープン3日目終了）

石川遼のスイング改造は待ったなしである。毎週続くトーナメントの先々で、体が覚えたスイングを休ませず、また体に覚えさせるしかない。

朝の打ち込みのあと、未完成のままコースに出る。そこでは実践ラウンド。1打1打、ホールに合わせるのではなく、ドライバーショットの完成に向かってティショットする。

しかし同伴プレーヤーならずとも、ツアープロたちは誰もが、

「ああ、今週は練習ラウンドか。羨ましい」と感じる。

言葉にこそ出さないが、同じ苦労人のツアープロたちにはピンと来るし、また同情もしたくなる。だが先輩プロたちには、そんな余裕はないから、無視するほかない。これは新人の石川遼にも、それとなく感じとれるものがある。

この週は辛うじて予選を通り、3ラウンドは伊沢利光、谷原秀人とのペアリングだった。スタートタイムはアウト2組目の8時40分。谷原とは以前に回っているが、伊沢とは初ラウンドで、見て学ぶところが多い。

伊沢のきれいなスイングに、一瞬我を忘れるシーンもある。ボールは右や左へと大アバ

レの連続。前週の日本オープンの週からレートセッティングに入る改造に入っていた。これまでは体の回転とインパクトが一緒だった。ところが、プレジデンツカップでタイガーやミケルソンら世界のトッププロたちのインパクトフォームがハンドファーストの形になっているのにヒントを得て自分で取り組んだ。練習場で打ち込んでいるが、修正する時間がない。ハンドファースト気味のフォームで打つが、タイミングが合わないと、どこへ飛んでいくか分からない状態。

女性ギャラリーからは、

「あれ、遼くん、どうしちゃったの?」という悲鳴が聞こえてきた。

3日目はスタートホールから引っかけで松林の中に、2番ロングは2オンに失敗。それでもドタバタしながらの2アンダーにまとめる。

終わったあと、「悪い感覚はないんですけど、ちょっとタイミングが合ってなくて。球が曲がるというよりはストレートで一直線で飛んでいる感じなので、タイミング自体はそこまで狂っていないです。本当に、ちょっとしたところだと思います」

そしてこうも語った。

「すぐに結果は出るということは余りないのですが、ねばり強く自分でやっていることに対して、いつかは、というつもりです」

「ガマンのゴルフでした。1、2番でボギーが先行してしまったので、ゴルフの構築が難しかった。鈴木さんは素晴らしい。ステディなゴルフをしていらっしゃった。ギャラリーの皆さん、天気がよくない中でも、ギャラリーの数にびっくりして。後押ししてくださって本当にいいプレーができたかな、と思っています、ハイ」〔2009年　マイナビABCチャンピオン最終日〕

2連覇を狙ったが、最終日1オーバーの73と崩れ、6アンダーの6位タイに終わった。トップを13アンダーで走る鈴木亨選手は1打伸ばして14アンダー。2位に5打差をつけて今季初優勝する。鈴木は43歳の中年プロ。若い選手で占める大会に、ステディなゴルフでカムバックした。

石川遼は最終日に鈴木亨と回りたくてスコアを早く提出したが、このタイミングで、鈴木、藤田寛之と最終組が実現した。事情を知らない人は「目立ちたがり屋の遼」と言うが、本人は最終組で鈴木亨と1打1打を争って学びたい、との動機がある。もっとも8打差を、改造中のスイングがうまく行けば逆転できる、とも予測した。

しかしその思いは、スタートホールから裏目に出る。アウトの1番スタートホールではティショットが乱れて2オンできず、ボギーで発進した。続く2番もボギーと、生まれて初めてスタートから連続ボギーとした。

それでもドライバーで飛ばして攻めるスタイルは変えない。5番もボギーとして、スコアは3つも崩れ4アンダーに大きく後退する。

一方の鈴木亨は、ショートパットが入らず12アンダーと崩れる。遼との差は8打差。その遼は362ヤードの7番ホールをワンオンに成功して2パットのバーディを決めた。

後半に入ると、雨のせいもあって右へ左へとショットが曲がる。アイアンもボールにスピンがかからず、12、13番ではグリーンをオーバーさせた。後半に入ってからも、ことごとくパットを外してバーディがとれない。それでも狭い17番はドライバーでティショットした。

ラスト18番ホールでは、会心の当たりでフェアウェイセンターへ。ハイドローボールで攻めた。第2打は5番アイアンでカップ4メートル下に2オン成功する。これをワンパットに決めてイーグルとした。1万人近いギャラリーの前で名場面を演じ、大会を盛り上げる。

彼はプロ入り初優勝した大会を盛り上げようと必死で、ギャラリーへの思いやりは強く、攻めるゴルフに徹した。そのギャラリーから、彼はパワーをもらい、泣きたくなるまで崩れた18番ホールで気を取り直している。18番のイーグルパットはいわば、彼を後押ししてくれたギャラリーへのお礼だった。そのパットも強気だった。「外してバーディ」ではなく、「決めて見せて喜ばせる」気迫がこもっていた。実のところ18番にくるまで、「お客さんにいいプレーを見せていない」と自問自答している。辛うじて18番のイーグルで、恩返しができた。

「11番のイーグルはセカンドが240ヤード、3番アイアンで7メートルにつけてイーグルです。2年前、一緒に回ったアダム・スコットがあのホール、フォローだったんですけど、3か4番アイアンで打ってたのを覚えてます」〔2009年　三井住友ビザ太平洋マスターズ初日〕

太平洋マスターズでは今回が3度目の出場。2年前は16歳の少年アマだった。彼はこの時、海外からの招待選手、それも名選手の一人アダム・スコット（オーストラリア）と同伴プレーをして、ひどく緊張した。

11番ホールは537ヤードのロングホール。当時杉並学院の高校1年生の遼は、緊張のあまり、何が何だか分からない1日を過ごした。ただひとつ、今回の彼の脳裏には、アダム・スコットが第1打をフェアウェイのセンターに飛ばし、残り230ヤードほどの第2打を、みごと2オンに成功したことが、はっきりと甦《よみがえ》る。

この1打は少年石川遼に、「世界一流のプロはこんなボールを打つのか」と、ただ唖然とさせた。3年たったこの日も、スコットの鮮やかなショットを思い出していた。しかもあの日、「風はフォローだったんですけど……」と語っている。ただし第2打で使ったアイアンクラブが、3番か4番か、本人は確認する余裕はなかった。

今回、つまり2年後の18歳の高校3年生プロは、あのアダム・スコットの飛距離に追いつき、しかも第2打を3番アイアンでの2オンに成功させ、イーグルを決めた。

そのことを自慢したかったのだが、残念ながら若い記者諸君たちには、遼が伝えたかった真意が読み取れなかったのか、そのシーンについての質問は出なく、断ち切れた。「6番でバーディが取れましたけど」と、アウトコースの話に振りかえられた。

この年の御殿場は、アマ・プロの日が大雨で、コースはビチョビチョになっていた。幸い御殿場のコースは下が火山灰と火山灰が砕けた土で、水はけが良い。そのため、グリーン上にもフェアウェイにも水溜りはできなかった。ただし、ラフになると湿っていて、ヘッドの抜けが悪く、苦しむ。

初日、石川遼はこの11番ホールのイーグルから発進した。13番ショートでティショットを右ラフに打ち込み、2オン2パットのボギーと崩れるが、すぐに難ホールの14番から3連続バーディを決めて前半を4アンダーの32とする。

後半のアウトコースは富士山からの芝目に迷い、ショートパットを外した。6番ロングの第3打を1メートルにつけてバーディを決めるが、9番で不運なライに苦しみ、3オンの2パットでボギーと伸び悩む。それでも、「アウトも今日は良い感じがした。これでアップアップのゴルフで、終わってみたらアウトも2アンダーかも知れないし。今日はグリーン上の差が出ました。それ以外はほとんど変わってなかったと思うので、一日を通して良い感じだったと思います」と前向きに捉えている。

「インはチャンスに付けたところをしっかり決められていたんですけど、アウトは微妙な距離がなかなか決められずでした。入らなくなると富士山はこっちかな？　と考えがちなホールなので、前半は考えずにやったのですが、後半は少しずつ気になっていきました」〔2009年　三井住友ビザ太平洋マスターズ初日〕

技術的な解説になると遠慮なく、こまかく語る。ベテラン選手の中には「企業秘密」と言って茶化すが、石川遼は、すっ裸同然。隠すという芸当はできない。

太平洋クラブの名物ホールにして、優勝するかしないかのキーホールに、17番ショートホールがある。

高低差は14メートルほどの、池越えの打ち下ろし。距離はグリーンの手前のエッジまでが228ヤード。

風がなければ5番アイアンを使う人が多い。ところが、このホールは左となりの14番グリーン方向から横風が吹く。池の上を抜けると風は速くなる。右側が杉林。風はこの杉林にぶつかるので、舞い上がる。

この池を渡る横風が毎回各選手たちを迷わせる。初日の石川遼も風に迷い、手にしていた5番アイアンをバッグに戻して4番にかえた。この時の石川遼の解説は、実にこまやかで、彼の心理状態がのぞける。これは筆者の質問に対して答えた声そのままである。

「クラブをかえた理由は、風がですね、今までのホールのロケーションとかも考えながら、左からのフォローが強いのか、弱いのか、それとも左から真横の風なのか、風を神経質に読んでいて、今日はピンが手前だったので5番アイアンで打った時に、打つとしたらフォローがきいていないと飛ばないので、もしこれで良いショットを打って真横に風が吹いていたら届かないな、という感じだったんです。4番で少しフォローがついてたら、奥でもいいし、真横の風だったらピッタリしかない、という感じの選択だったんです。けど、ちょっと躊躇して、ボールをカットしちゃったと思います」

ボールは風に流されて池の右のラフへ。グリーンまで30ヤード。そこからサンドウェッジでロブショットする。前日の雨でライはよくなかった。スピン量が減るので、もっとバックスイングを上げようかどうか迷ったが、グリーンエッジ近くに低く落ち、そこからうまく転がって、50センチに付ける。そこはワンパットにしてパーで切り上げた。

ロブショットは前週の上海でのHSBC戦でもかなり打ち込んでいた。太平洋での練習ラウンドでも練習していて、自信はつけている。しかし17番の第2打は最高に難しく、「まだちょっと恐がっているところがあるのかな。打った後に寄ってくれたんで良かったですが、練習していた時よりも少し20センチくらい、ちょっとあったかなー。きれいにボールだけ拾って行くような感じにしたかったんで……」とミスショットを振り返る。「まだダメだなー」と嘆く声が聞こえてくるようだった。

「まだまだ、このコースの経験が足りないですから、今までの2回の大会の時よりも、やっぱり、今回の方が、このコースの経験を積んでますし。そういう意味で、そろそろアウトもインもスムーズにプレーできるようになってくるのではないかと思います」〔2009年 三井住友ビザ太平洋マスターズ初日〕

前日の雨に続き、初日は気温が10度を割るなど、寒かった。風は北西。10番のスタートティに立つと右前方からのアゲンスト。つまり白雪の富士山側から吹いてくる。体脂肪及び皮下脂肪の少ない石川遼には、なにが一番こたえるかと言えば、冷たい風である。皮下脂肪の多い人は、いわば脂肪のウインドブレーカーを1枚着ているようなものだから、さほど苦痛にはならない。その実、うす皮の18歳の石川遼には、辛い1日になった。

インコースは杉林に遮《さえぎ》られるため、冷風はさほど直接には受けないが、アウトコースは富士山に向かって行ったり離れたりするレイアウトになっているため、正面や背後から直接冷風を受ける。

何よりも辛いのは、指先である。ゴルフで指先は微妙なタッチを出すので、冷えるとミスショット・パットの原因になる。この日の石川遼は「寒いと思ってしまったらおしまい」と思い、たえず体を動かして筋肉が硬くならないようにしていた。

しかし、指先は冷えた。機会あるごとに息を吹きかけたり、こすり合わせたりして暖めている。

この日はカイロを2個、左右のポケットに入れていた。歩きながら両手を入れて揉みながら指先を暖めている。用意は万全だった。「指先は冷えがちだった。寒いと思ってなくても、気づいたらグリーン上にずっといて、ラインを読んだりしたときに、指先が冷えて、パッティングが終わって次のホールに行ったときに、ちょっと指が冷めたかな、というのが何回かありました」と言って、苦笑いしている。

驚くことに、2年前の体感も、しっかり覚えていて「今日のほうが寒かった。プレジデントカップのときもすごく寒かったんですけど」と語る。

この太平洋マスターズの前週は、中国は上海の宋山国際GCでのHSBC選手権に出場し、むし暑い中で戦ってきたばかりである。20度差の御殿場だから、かなりきつい思いをしている。

「半袖で蒸し暑いところでやっていたので、1週でガラリとここまで変わるということは今までなかった。気にしないで、今日が過ぎてしまった」と、気候のせいにはしていない。「冷えをすぎたら、もっと深いところに入ってしまっていた」と、ベストで戦った1日を振り返っている。

アウト36、イン32というスコアについても、寒さのせいもあったはずだが、彼は言い訳はしなかった。コースの経験を積むことの必要を語っている。

「15番はクラブ選択のミスでした。高い球で行きたかった。大きなクラブで高く打って、狭いエリアに落とす技術がこのコースには求められます。第2打は後悔しています」〔2009年　三井住友ビザ太平洋マスターズ2日目〕

冷たい北風の吹く15番ホールは、まともなアゲンストホール。距離は378ヤードのサービスホール。いつもなら、第2打をサンドウェッジでちょこっと打って寄せてバーディが取れる。だが、北風のアゲンストになると、選手たちは迷いショットに苦しむ。短いホールでは、ティショットが落ちる辺りのラフを延ばす戦略上のコースセッティングにしていた。

フォローの風、つまり南風になると、背中の方から風が押してくるので、ロングヒッターではワンオンも可能である。最終日は南風になり、石川遼のボールはグリーン近くまで飛び、イージーなバーディパットを決めている。しかし2日目は苦手なアゲンスト。珍しくティショットの前に2回ワッグルをとってリズム合わせに出た。インパクトでハンドファースト気味になるイメージを描いている。

ところが、風が、リズムをほんのちょっとだけ狂わせた。それでもボールはドローがかかってフェアウェイの左一杯に止まる。カップまで残り90ヤード。

第2打はラフ越えのアプローチ。しかも冷たいアゲンストの風が押してくる。カップの位置は手前エッジから4メートル、一杯一杯のところ。実に狭いエリアにある。

カップの右側に落とすとなると、ワンパットの可能性はない。エッジとカップの間しかバーディチャンスはない、というグリーン上のセッティングだった。

パーフェクトな攻略は、左のピンに対してはフェアウェイの右サイドにボールを止める必要がある。ベテランプロには「ピンの位置からティグラウンドへ逆算して、ティショットのエリアを決め、そこを狙っていく。石川遼もトライしていたが、ちょっとした風でボールはドローしていった。完全なミスである。

そのあとの第2打で「上げて止める」作戦に出たが失敗した。距離が足りずグリーン手前のラフにつかまる。そこから再びサンドウェッジでアプローチするが、ラフからのアプローチをカップよりの1・5メートル上につけてしまった。そこからのパーパットを外して痛恨のボギーを叩いた。

結果的には、わずか90ヤードの位置から4打もかかったことになる。そのことを激しく後悔していて、こう語っている。

「しっかり風を読んで、サンドウェッジではなく、アプローチウェッジで距離感を出していけばよかったです。もう1回打ちたい気持ちです。第2打地点からは狭く思えるけれども止まるエリアでしたし……」

この日のスコアは4バーディ、3ボギーの71。不本意な1日だった。

「バンカーを縦に切ると左側に行ってしまうし、左足上がりで顎が高く、木もライン上にかかってしまいますが、右側にボールがあったので、5番ウッドでいくかなと思いました。グリーンまで235ヤード、距離的には行くだろうと思っていたのですが、北風だったので210ヤードぐらいしか飛ばせなかった」〔2009年 三井住友ビザ太平洋マスターズ2日目〕

18番ホールは517ヤードの名物ロングホール。第2打が池越え。しかも「グリーンは縦長の小さな2段グリーン。南風はフォローになるが、逆に北風はまともに押してくるアゲンストになる。

2日目は北風が吹いて寒い。石川遼はピンクの長袖シャツにウインドブレーカー姿で出撃。スタート時間はアウトの10時10分。同伴者の鈴木亨、B・ジョーンズもセーター姿。この日、スタートホールで第2打での2オンに失敗した上、20メートルのパーパットを外してボギーで発進。

18番ホールでは名ショットが演じられる。前年は今野康晴と片山晋呉がプレーオフとなり、片山はバーディパットに入る際、じっと眼を閉じてイメージを出した。外れたら池まで流れるライン。これを入れて優勝した。

またワールドカップが行なわれた時、タイガー・ウッズは2オンに失敗して右奥のラフに入れた。そのあとウエッジで奇跡のチップインのイーグルを決めた。

2日目の石川遼はアゲンストの北風を苦手とする。まだ経験が浅く、アゲンストでもがむしゃらに振り回している。その結果ボールはフックして、絶対に入れてはいけない左のバンカーに入れてしまった。

グリーンまで残り235ヤードの池越え。普通の選手なら、2オンの冒険に出ず、左から回って3オンのバーディの作戦を取る。

ところが、「ロングホールは2オンが当たり前」と決めている石川遼はレイアップに出ず、3番ウッドでの2オンに出た。前方に杉の木がスタイミーだった。幸いグリーンと杉の木を結んだ線から右側にボールがあったので、5番ウッドで上げて乗せようとした。しかしアゲンストのため3番にかえて打ち込む。それでも風に止められてショートし、ボールは池の中に入る。

遼の感覚の良さは、バンカーのボールから池に入ったキャリーを「210ヤード」と読み切れたことである。これは18歳の少年とはとても思えない計算。日本人でそれが読めるのは青木功ぐらいのものだろう。

この大会、遼にとっては初の池からのウォーターショットとなった。ブリヂストンオープンでもやって成功しているが、遼は靴を脱いで、ウォーターショットに出る。距離は35ヤード。だが奥のラフに入る。カップまで12メートル。それをウェッジで2メートルにつけて1パットのパーで切り上げた。池に入れてもパーで切り上げる勝負強さが出ている。つまりロングホールはショットをミスしてもバーディ、悪くてもパーという組み立てである。これはおそるべき進化である。そして最終日に、その実力が発揮される。

「グリーンに近づくほど難しくなるのがゴルフだと思います。気持ちを切らさずに、ミスしたあとが大事だと思います。パーパットを外した次のティショットで、気持ちを切り替えました」〔2009年　三井住友ビザ太平洋マスターズ2日目〕

寒さで、2日目苦戦した。11番の第2打ではクラブのシャフトを樹に当てて折ってしまう。

アウトの3番ロングは556ヤードの打ち上げホール。石川遼は290ヤード先のフェアウェイをキープした。グリーンまでののぼりの246ヤード。

グリーン前に高さ1・5メートルのバンカー。花道は右サイドにある。

バンカーを避けて3オンの作戦をとる人は、右サイド50ヤード手前に止め、そこから無難にアプローチする。しかしカップが右サイドに切られると、バーディのチャンスはない。バンカーに自信がある人でも、右側の花道ルートをとる。なぜなら、ここのバンカーは直角の顎だから、手強《てごわ》いからである。

石川遼は、そうして老練な作戦はとらず、まるで神風特攻隊のように、正面から挑んだ。ショートしてミスしてもバンカーに入ることを覚悟の上だった。バンカーは想定内だったのである。風に押されてショートした。

ところが同じバンカーでも、大目玉である。状況はギャラリーたちには見えなかった。しかもピンまで40メートル弱。大きく打ってカップの奥40メートルに3オン。そこから2

パットのパーにする。

しかし石川遼としては不満のパーである。彼にとってはボギーに等しい結果となった。バンカーショットは、目玉から上手《うま》く出せたし、パーフェクトだった。ところが状況が分からないギャラリーからの拍手が小さい。

この時ばかりは、ちょっと悲しい気持ちになったと、こう語っている。

「足を入れると軟《やわ》らかかったので、手前に入れると飛ばないし、鋭角にギリギリ入れて、目玉はインパクトで止める感じで打つのですが、振らなきゃいけないし……。皆さんに、位置によっては目玉だと分からない方もいたので、少し悲しかったです。出て当たり前だと思われて。僕は大きい声で、〝今のバンカーショットは目玉だったけど、上手く打てました！〟と言いたいくらいでした」

ギャラリーサービス旺盛な石川遼らしいコメントである。

同じことは12番でもあった。ボールの落としどころが4～5メートル先で難しい。しかし、うまく寄せてパーで切り上げる。

技術的には、何でもこなせるほど、上達していた。ミスしたあとの次のホールでは、バーディをきめて埋め合わせるという離れワザをやりとげるまでになる。

予選を18位で通過した彼は、本戦に向かっての気持ちを「朝から新しい気持ちで。今日は今日という気持ちでいられたら……。明日は明日、今日は今日です。気持ちの持ちようだと思います。もし優勝できなければ今日（2日目）のラウンドは悔しいと思う。あの2日目が痛かったと思わないように、あと36ホール頑張るようにしたいです」

「どれだけこのコースが好きか、再確認できたので、また1年間頑張って、来年は優勝争いに加わり、優勝できるように、またここから1年間修行を続けようと思います」〔2009年　三井住友ビザ太平洋マスターズ最終日〕

太平洋マスターズは難易度の高さでは5本の指に入る。石川遼は、3回目の出場で、優勝したい、という気持ちが強かった。スイングの改造をしながら、またロブショットも完成に近く、いいフィーリングできていた。

しかし3日目の暴風雨でサスペンデットになったり、1日23ホールを戦ったり、雨でコンディションが変わったりと、目まぐるしい変化に、18歳の少年プロは、ゴルフを構築するのに苦労する。

太平洋クラブ御殿場コースはグリーンが速いことで有名。最終日、石川遼はパットに苦しむ。トップと5打差でスタートして、まだ優勝圏内にいたが、この日はなかなか入らない。

いつもの石川遼は「決め打ち」と言って、ライン読みが早く、アドレスに入ると自信を持ってパットしている。

ところが最終日の彼は、アドレスして2回ワッグルし、もう1回ラインを見直してからパットするシーンが多い。つまり、最初の「第1観」のパットと違った読みをして失敗している。

本人も「ボールを見て構え、もう1回カップを見て……としているうちに、ちょっとずつ第1観のラインが違うように見えた。最終的には第1観のラインが正しかったのかな、という感じの外れ方が多かった。ストロークは悪くなかったので、アドレスだけピシッと決めるにはどうしようか、という感じで、ラインを後方から読んだら、自分が見つけたラインに構えて、パット打ちます」と後悔する。

パットについて「また来週から宿舎でも同じく練習をしていけば、ストロークに関しては問題ないので、しっかり狙ったところに構えられているのか、しっかり確認していかないといけないと思います」

連戦で、かえって疲れからパットが下手になるのかと思われがちだが、休むことを知らない石川少年は逆で、むしろパットのライン読みは継続しているのでいい方向にある。

休みを入れると、かえってライン読みにストップがかかり、リズムが狂う。

よく考えてみれば、石川遼は連戦が続き、1日たりともパットを手放すことがない。例えば月曜日にホテルに入ってからは、すぐに部屋の中でパットの練習である。前日は最終戦でプレーしていたわけだから、「毎日がパットの練習」ということになる。

残念ながら、太平洋クラブの最終日はパットが入らず、4バーディ1ボギーの69、トータル10アンダーで4位タイになった。特に第3ラウンドの残り5ホールでバーディがとれなかったのが敗因だった。

「どこにこの怒りをぶつけたら良いのか。そこにぶつけたところで誰も悪くないんです。僕が悪いんです。次からは、自分を殴るようにしようかな……。無念です」〈2009年 三井住友ビザ太平洋クラブ最終日〉

最終日、晴天に恵まれ、ギャラリー数は空前の1万8000人を越えた。

ゴルフファンの関心事は石川遼のスイングとプレースタイルもあるが、池田勇太との賞金レースがどうなるかだった。もちろん、石川遼は優勝したかった。ところが、パットが決まらず、ショットも乱れがちだった。

この太平洋クラブでは、珍しく、ミスした直後にクラブで地面を叩くとか、クラブを振り回すようなアクションが目立った。相当イライラしている。

特にアイアンの距離感が合わない時は、自分自身を怒っていた。日本オープン後は右のピンを外すことはあっても距離は合っていた。ところが太平洋クラブでの最終日は、グリーンオーバーするシーンが多い。カップの上に止まるなど、コントロールに欠ける。「止まってくれ!」と自分でも声に出すシーンもあった。距離感が合わずに苦しむ。それが、イライラの原因だった。

しかし最終ロングホールは、フォローの風が吹き、ドライバーショットは362ヤード、フェアウェイのセンターまで飛んだ。ピンまで残り150ヤード。これまで、最高の飛距離。

第2打は9番アイアンで、と1度手にしたが、背中から押してくる風とピンの位置が下の段に立っているのを確認すると、池越えをギリギリのところで挑む。

ピンの位置は、池側のグリーンエッジからわずか11ヤード。遼は、「PWで本当に届くかな」と心配した。

キャディの加藤大幸も9番アイアンを勧めた。ところが遼は、「9番でも届かないのでは」と思いながらも、右手はピッチングウェッジのヘッドを摑《つか》んでいた。

遼のピッチングウェッジの飛距離は無風下で130ヤード。太平洋クラブ御殿場の18番グリーンの手前のエッジまでは139ヤード。ショートしたら100%池に入る。

遼はイチかバチかの勝負に出た。なんとPWでピンの左上2メートルにつける。そこから下りのスライスラインを狙うがカップの淵を抜け、イーグルにならない。イージーなバーディパットを沈めて10アンダーとした。

試合は18番ホールの話になった。遼の顔に笑い顔が戻る。そしてこう言った。

「このコースで1番飛びました。2年前にアダム・スコットがセカンドを9番で乗せたのを覚えています。ピンは上の段でしたけど」。「今日の風だったら振るしかないなと思って。どこまで行くのかやってみたいなと。もしかしたら来年この風は吹かないかも知れないんで、このチャンスは今しかないと思って。でも、まさかPWで乗るとは思わなかったです」

「出場するトーナメントすべてで優勝争いしたい。タイガー・ウッズでさえ出来ないことで、現実は不可能に近いけど、気持ちだけはそうありたいです」〔2010年　東建カップ練習日〕

マスターズから帰国後の石川遼は、海外の試合で掴んだものがあった。それは平均280ヤード以上の飛距離が出て、アメリカ選手との差が以前よりも縮まったことである。

昨年アメリカツアーに出た時は、平均して30ヤード近く離された。プレジデンツカップの時は、アイアンで二つ以上違った。この差にはショックを受ける。

しかし今年のアメリカツアー六試合に出て掴んだものは、飛距離の差が10～15ヤードと近づいたことである。これは大きな進歩である。

石川遼が求める飛距離は350ヤードである。これを100点満点としている。325ヤードなら90点となる。

飛距離を伸ばし、第2打の使用クラブが短くなれば、たとえラフからであろうとバーディトライに出れる。

たとえば450ヤードの長いミドルホールでは、350ヤードのティショットなら、残りが100ヤード。

石川遼ならSWかAWのコントロールで狙える。フェアウェイなら、確実にワンピン以内に付けられる。

ラフからでもバーディトライのチャンスがつくれる。むずかしいラインなら2パットのパーで切り上げられる。

したがって、ラフを恐れないで、350ヤードに挑戦している。仮に300ヤードのティショットでも、残りは150ヤードだから9番アイアンでピンを狙える。追い風になればPWで狙える。

パー5のホールは、すべて2オンが可能になる。

もっとも今の体力では、すぐにはいかない。20歳から21歳になる頃には、350ヤードの飛距離が出せるように、目標を立てている。

そのことでモチベーションを上げているのはコーチの父親ではなく、本人だから驚く。

「高い志」は、この350ヤードの飛距離達成の頃には、手が届くだろう。体力も多分に180センチ、体重90キロぐらいまで行くだろうから、そのときにはロングホールはミドルアイアンで2オンが可能になる。

石川遼自身、20歳を越えた頃に、実現するものと考えているのだろう。そうすることで「世界に通用する選手」となれる。

遼は大学進学を断念して、自分の目標に向かって挑戦している。己の力で選んだ道を、まっしぐらに走り出している。

「出場する試合はすべて優勝争いしたい」と、国内ツアー開幕前に抱負を語っている。

「経験のなさや未熟さが目立ちました。攻め切れなかったショットが15打くらいあった」〔2010年 東建ホームメイトカップ初日〕

2度目のマスターズで、1打足りずに予選落ちして号泣した石川遼は、火曜日には国内第1戦の東建カップの会場に移動した。

初日、2日のペアリングは、皮肉にもマスターズ初出場で29位になった先輩の池田勇太と小田孔明の3人。前年の賞金ランク1、2、3位のトップ3人である。皮肉な組み合わせというよりも、酷な組み合わせというほかない。池田は日本に到着して、その足で三重県に移動である。石川遼も1日の休養があったとはいえ、時差ボケは否めない。その点、4月9日の九州サーキット・トヨタカップで優勝した小田孔明は、万全である。

クタクタ組と万全組の初日からの組み合わせは、いつかは来るものだが、それにしても石川遼と池田には酷だった、しかし遼は、「ものすごい組に入れてもらった」と楽しさ一杯だった。

遼は帰国後、月曜日の朝、自宅でマスターズをテレビ観戦した。するとすぐにモチベーションが上がり、じっとしておれなくて午前10時半頃には近くの練習場に行って3時間打ち込んだ。

マスターズはフェード系でないと通じないことを知った遼は、父親のコーチを受け、フィギュアスケートのジャンプからヒントを得た「トリプルアクセル打法」に取り組む。ほとんどドライバーだけで400球打ち込んだ。

「この球だ！」とヘッドの入る角度、体重移動をタイミングよく合わせて打つ。この時アドレスからグリップ、トップからの切り返しなど細かくチェックした。それから三重県へ移動している。

初日は前日同様、冷雨で寒い。それでも3000人のギャラリーが遼の組について歩く。寒さの中、本人のショットは右や左へと乱れる。ドライバーのキープ率は28・57％、3割である。

アイアンショットも乱れる。風を苦手にする石川遼は、珍しくロングの12番の第2打をドライバーで打って花道に乗せた。

スコアは6オーバーの77。早くも予選落ちそうな内容。11番ではプロらしからぬアプローチショットをミスして、ダブルボギーを叩く。4番ロングもダブルボギー。7割近くがパーオンしていない。大乱れ。

風と寒さ対策に、経験不足が目立った初日だった。それでも本人はケロッとしていてこう語る。

「明日はカットラインを考えず、全ショットで攻めて行きたいです」

結果は予選をクリアしたが、優勝とは程遠い内容。本人は、スコアは50点台前後と悪いが、ショットに手応えを覚える。

「今週はいい感じで打ててる。自分の中で、何かが変わった。来週もいいプレーが出来ると信じるものがあった」〈2010年 つるやオープン最終日〉

国内第2戦は兵庫県での「つるやオープン」。例年、このシーズンは吉野桜が満開だが、今年は早く散り、葉桜になった。

石川遼は月曜日に和歌山県へ移動し、ジュニアレッスンに協力する。1日中、子供たちに、かつて自分が大人たちに教わったように、

「朝起きたら、おはようございます。帰ってきたら、只今帰りました、と声に出すこと。ゴルフできる環境をつくってくれたお父さん、お母さん、関係者に声を出してお礼を言うことだよ」

とアドバイスしながら、手とり足とりして技術やマナーを教えた。18歳だから、未成年、つまり先輩が後輩に教える。

つるやオープン会場へは翌火曜日に入り、すぐにフェードボールに取り組む。目標ラインはフェアウェイの左半分。ミスしてもフェアウェイに左サイドに残る。ジャストミートすればセンターに落ちる。

山野原GCはアップダウンの多いコースで、第2打の足場の確認が決定打となる。微妙につま先上がり、下がりといったライがあり、読み違えると大ケガする。

幸い好天に恵まれ、予選ラウンドでは改造スイングも、ティショットの誤差の幅が狭く

なった。左右に大きくぶれることもない。6アンダーで予選を突破した。ティショットはドライバーでの攻撃スタイルを棄《す》てない。どんなホールでも飛ばして行く。ラフに入ることを恐れないのが、彼の持ち味。

3日目はラスト2組でスタートした。1万3000人近いギャラリーが遼の組について歩く。

だがスコアは伸び悩んだ。最終日、アドレスではフェアウェイのセンターから左サイドにラインアップする。ところが飛ばそうとすると、タイミングが合わず、引っかけボールが出る。15番では左バンカー、17番は左ラフに打ち込んでしまった。

本人は、それでも「今週はいい感じで打てている。自分の中で何かが変わった。来週もいいプレーができると信じるものがあった」と語る。

3日目が終わった段階では「優勝争いがこのトーナメントの目標で、1番上を目指してやるのみ」と最終日、トップと4打差を逆転させる意気込みだった。この日も「1日5バーディ」をノルマにしているから、トータル11アンダーは出せる自信があった。

ところが最終組の藤田寛之、谷口徹の組が、うしろからスコアを伸ばして引き離していた。歓声と拍手で否応なく好結果が耳に入る。

オーガスタ同様、16番ショートホールでボギーを叩き、6アンダーのスコアに戻った。17番ロングはティショットをミスして、寄らず入らずのボギーを打ち、ギャラリーをガッカリさせる。辛い1日だったが、「いつかは!」と自分を励ます。

第2章
試練に失敗しても涙の量だけ成長する

「1番のティに立った時から、今日はいいプレーができないと思っていた。1番から18番まで緊張感が抜けた時が1度もありませんでした……。まだ緊張しております」
〔2009年　PGAツアー・ノーザントラスト初日〕

17歳の少年プロのアメリカツアー初デビュー戦が、タイガーと同じくノーザントラストオープンだった。2月19日から4日間、カリフォルニア州のリビエラCCで開催された。

かつては伊沢利光が2位タイになったトーナメントである。あの小柄な伊沢が優勝に絡めたのはショットもさることながら、厚い絨毯《じゅうたん》のようなグリーンのボアナ芝に慣れていたからである。伊沢はロサンゼルスで研修していて、芝のクセを知っていた。

石川遼の場合はボアナ芝とは初顔合わせ。練習ラウンドで打ち込んではいたが、試合に入って、ローラーがかけられると、タッチが変わってしまう。

ボアナ芝は、南カリフォルニアに多いケンタッキーブルーグラスの一種で、野生の芝。生育がよく、朝と午後ではタッチが変わる。ベント芝がカーペットなら、ボアナ芝は厚い絨毯。芝が詰まり、すぐに芽が立つので、慣れない人は手こずる。

初デビューの石川遼は、この独特なグリーンの芝に振り回された。

初日はクラブハウス前のアウト1番からスタートした。打ち下ろしホールを320ヤードまで飛ばし、4番アイアンで2オンさせてバーディパットを沈めた。

もっとも、デビュー戦は緊張のあまり、芯に当たっていない。体も硬くなっていた。しかし17歳の少年プロにとっては、むしろ上出来である。3パットもあったが、米ツアーで最もクセのある芝に手を焼く。

本人は「頭の回転が悪くなった」と語っているが、午前と午後では芝芽が伸び、タッチもラインも変わるから、手こずるのは当然のことだった。特にショートパットで苦しめられた。パターヘッドがスムースに動かない。考えている方に打ち出せていない。

ボアナ芝に慣れるほかないが、ここは特別なグリーン。先輩プロたちは「慣れるまでのこと」と遼を応援する。

初デビュー戦の初日は、記者会見中も、またホールアウト後も、まだ緊張していた。それにしてもいい体験だった。アウト38、イン35の73。2オーバーは114位。大きく出遅れたが、「明日は?」と聞かれると、

「明日はピンだけを見て攻めて行きたいです。プラスに考えて、躍動感のあるプレーをして行きたいです」と前向きに語る。

「あとは試合に慣れるだけ」と本人の体が覚えている。思い切りの良さは、アメリカ選手たちも高く評価していた。

「2日間だけでもPGAツアーでプレーできて幸せだった。素直に言えば4日間プレーしたかった。凄く悔しい。このプレーをしてもカットラインに届かないレベルなんだな、と」〔2009年　ノーザントラストオープン2日目〕

アメリカPGAツアー初デビューで石川遼は予選落ちした。

国内のオフの間、休むわけにはいかないのでアメリカツアーに参戦したが、初日73と出遅れたのが大きな痛手だった。日本人選手では今田竜二が67、丸山茂樹が70と、実力では大先輩の2人がアンダーパーで回る。

石川遼は2オーバーの73と出遅れた。

ちなみに、トップのフィル・ミケルソンは遼とは10打差の63。2位のS・マキャロンは64と、上には上がゾロゾロいる。

飛距離は同組の選手に多少離されているが、焦るほどではなかった。ところが第2打からの違いがはっきり出てショックを受ける。過去、青木功、尾崎将司、中嶋常幸といったAONがアメリカツアーで打ちのめされたのは2打からの違いだった。体力のあるアメリカ選手たちは同じ番手のアイアンで打ち込んでもピンに絡む。

日本選手のボールは8メートル以内に止まらず、2パットになる。なぜそうなるかといえば、アメリカのプロたちはダウンブローに打ち込むため、ボールのバックスピン量が大きくなり、ボールは高く上がる。

体重が軽い17歳の少年プロ石川遼は、日本では飛ばす方に入るが、初日、2日一緒に回った2人のボールはピンに絡み、その差を見せつけられた。

ボアナ芝のグリーンには多少慣れていたが、2日目の平均パット数は1・923と悪い。全選手の中で113位。初日はセンターシャフトの新パターを使ったが、ラインが出ないというので父親に相談して、これまで使っていたL字マレット型に戻した。それでもショートパットでラインが出ずに苦しむ。初日の平均パット数が1・889、2日目が1・923。スコアは71でパープレーした。

ちなみに部門別データによると、ドライバーの飛距離の平均は初日が287・5ヤード、2日目は291・5ヤード。順位は初日が51位、2日目が48位。

フェアウェイキープ率は初日が50％で、2日目が64・29％。パーオン率は初日が50％、2日目が72・22％と上向きである。

2日目、フェアウェイをキープしたホールは14ホール中9ホール。5ホールでフェアウェイを外していた。

予選カットラインは1アンダー。3打及ばなかった。試合後、「良くても悪くても毎日が自分の実力です。今日も自分の100％だったと思っています。初日よりかなりリラックスしてプレーできました。緊張してなかったら、もっといいゴルフができたかも知れません。気持ちではピンを向いていても体が動かないのは、練習量が少ないからです。一緒に回った選手を見ても、練習量の違いを感じました」と言いながら、本人は早くも練習に取り組んだ。

「少しずつ英語で人と会話もできるようになってきたけど、言ってることが分かっても、まだ返し方が分かりませんでした。何年後かには英語で記者会見ができるようになりたいです」〈２００９年　トランジションズ選手権での記者会見〉

マスターズの前哨戦となるトランジションズ選手権の会場に着いた石川遼は、17日、さっそく現地の記者の前で公式会見となる。

17歳の新人プロへの関心は高く、石川は会見の席で2分間、英語でのスピーチを行なった。これは石川遼サイドから、米ツアーのマーク・ウィリアム広報担当にお願いしていたことで、マイクの前で原稿なしで、

「日本に帰国していた2週間、アメリカのハンバーガーが恋しかった」とスピーチした。

これにはアメリカの記者たちも驚き、会場内は沸いた。「コースコンディションは素晴らしく、難しいです。沢山のことを学びました」とも語った。

英語スピーチはフロリダ戦を取材にきているアメリカ東部、南部及びＡＰなど全国配信の通信社の記者のほとんどが初会見だけに、この作戦は効果があった。矢継ぎ早に英語の質問が出る。

だが、誰もがそうだが、英会話は耳で聞きとれても、次に返す言葉がうまく出てこなくて、会話にならない。英会話の初期のステップだが、遼もそのことに気づく。そして「早く会話ができ、記者会見で話せるようになりたい」と語る。

17歳の少年プロには、その意味ではいい経験だった。

「アメリカでは、英会話力がつけば優勝チャンスも増える」と言ったのは、単身で米女子ツアーに乗り込んだ宮里藍である。彼女は、記者会見もテレビインタビューも、常に英語で応えるようになっていた。

ギャラリーや主催者、関係者とも話せるようになると、それだけ情報も入り、プレッシャーも少なくなる。もちろん、それは計算上のことではなく、体験の積み重ねからくる。

英会話のマスターのため、遼は自宅から杉並学院への通学中、イヤーホンで英会話を聞いている。耳は相手のことが聞き取れるが、こちらから聞き返す言葉が出ない。しかし夏頃には、充分受け答えできるまで成長した。

この頃、マスターズに向けて右肩下がりのスイング改造に取り組んでいたが、体重移動がうまく行かず、イライラしている。アッパーブローと同時に振りぬく改造は、この時期では無理があったが、もっとボールを上げて止めたい気持ちが強く、コーチと取り組んでいた。マスターズには間に合わず失敗だったが、そんな中で、

「英語で記者会見ができるようになりたい」と前向きだった。

「明日は目標のバーディ4つ。今日の分も合わせて5つ取りたいです」〔2009年トランジションズ選手権3日目〕

2009年の海外第3戦はアメリカフロリダ州のイニスブルックリゾート&GCで開催された。初出場の石川遼は初日69で好発進する。しかし2日目73、3日目は不覚の75を叩いた。しかもアウトでは4ボギー、1ダブルボギーの42を叩く。

3日目はペアリングが変わるので、少年プロとしては自分のリズムが取り戻しにくい。この大会に出る選手のほとんどが3週間後のマスターズ出場者で、全員がマスターズに向けて打ち込み、正確なショットを完成している。

それに比べると、石川遼はまだ少年プロ。距離を出すことで精一杯。その距離も、右腰を落とした新しいスイングからのハイドローを求めてのラウンド。しかし同伴プロには30ヤード近く引き離されていた。力の差は歴然としている。

ところがこの日はスタートホールのロングからスコアを崩した。560ヤードのロングを3オンに失敗。やっとバンカーから2メートルに寄せてパーを決めた。

2番ミドルホールでは第2打が奥のラフに入り、2メートルに3オンするが、パーパットを外し、ボギーが先行した。その後もボギー。5、6番ホールもパットが決まらず、連続ボギーを叩いて後退していく。

この6番ホールまで、ティショット、第2打とも乱れに乱れた。パーオンも出来ず、寄せて2パットが続く。そのアプローチも寄らず、むずかしい2メートル前後のパットを残した。

最悪は430ヤードの9番ホール。第2打をグリーンオーバーさせて3オン。そこから3パットしてダブルボギーを叩く。プロ入りしてワーストスコアの42。まるで別人のようになる。海外のトッププロからの重圧を、生まれて初めて感じた3日目だった。

もっとも10番から気を取り直した。11番ロングでは2オントライに出る。距離が足りずに花道に止まる。そこから寄せてバーディ。

インコースは池越えが多い。12番ホールは380ヤードの池越えのホール。石川遼は池越えに成功して2オン2パットのパーをとる。14番ロングは、フェアウェイから残り259ヤードをスプーンで2オンに成功してバーディに。

17番ショートは7メートルにワンオンさせ、2パットのバーディを決める。18番は2オンに失敗してボギーを取り、1日4バーディのノルマを達成できなかった。もちろん上位進出など意識していないが、彼はもっと飛ばして、最終日は5バーディを決めてやろうと気合を入れている。

「1打目で池に入れて、4打目のときはもう絶対入れないように、と思っていたんですが、逃げたくないと思ってピンを狙ってしまった。逃げることにも勇気は必要だと思った」〔2009年　アーノルド・パーマー招待1日目〕

初めてアーノルド・パーマー主催の試合に招待された。主催者のパーマーに挨拶した石川遼はパーマーに、

「学校へ行ったり、ゴルフ以外のスポーツもして欲しい。タイガーだって学校へ行き、教育を受けたんだよ」とアドバイスされた。

パーマーは傘マークのボールマーカーとピンバッジをプレゼントして「試合に勝ったらこれをやれ」と、パーマーがキャラリーに合図する、右親指を突き上げる〃グーポーズ〃を勧めた。パーマーはIMGのマコーマック社長と出会ってから、プロとしてウェアのワンポイントマークの「傘マーク」を商品化したり、ゴルフ場設計などに進出して、一躍プロの地位を高めた第1人者である。日本では8つのゴルフ場を設計。

また傘のマークでは、レナウンと当時破格の年間4000万円で契約した。その時のパーマーが言ったことは、

「オレはゴルフしか知らないのに、4000万円もらっていいのかい?」だった。

そのパーマーおじさんに励まされた17歳は、初日から新打法で池の多いフロリダのベイヒルGCを攻めた。このコースは中学生の時にジュニア大会でプレーし、石川遼を世界に

眼を向けさせた、思い出のゴルフ場である。

初日50センチにつけてのバーディで発進した。ところが6番ロング（558ヤード）で、池越えのティショットをフックさせて池に入れてしまう。ワンペナ払った第3打は右のラフに。そこからグリーンオンを狙ったところまたも池へ。思わず、「ウワーッ、助けて」と声に出し、しゃがみ込んだ。新打法がまだ身につかずに苦しむ。ワンペナ払った6打目はグリーン左の岩場へ。アンプレアブルにしてやっと8打目でピンの下1メートルにオン。ワンパットの9打という最悪のスコアにもがき苦しむ。

4打目でグリーン手前に置いて、そこからチップインに出るという勇気に欠けたことを反省しているが、もっともこのホールは「選手を誘い込む」設計になっていて、ドロー系の選手泣かせである。ウッズも、このホールで7を叩いた。しかし、その後は11番から14番まで連続バーディを決め、2アンダーの68とした。石川遼は15番をボギーと崩れて、6オーバーの76。跪き続ける。

それでも改造した新打法は手応えがあった。時々、ハイドロー系のボールが出る。特にボールの位置を内側に入れたことでアイアンショットが安定し、方向性が戻った。

だが2日目、71を叩き、この大会は予選落ちした。

「こんなにいいスタートは信じられません。アメリカでこんなにいい気持ちになったのは初めてです」〈2010年　ノーザントラストオープン初日〉

アメリカ本土の第1戦は、昨年叩きのめされた米男子ツアー、ノーザントラストオープンである。場所はカリフォルニア州のリビエラCC。賞金総額は5億6800万円、優勝1億2110万円。といっても、米ツアーでは普通の賞金。

今年も132人が出場した。

前年、この大会がアメリカ本土での第1戦だった。ここのグリーンはボアナという癖の強い芝で、初出場の石川遼は、しこたま叩きのめされ予選落ちした。しかし2年めは違う。日本の賞金王として出場し、10月のプレジデンツカップ以降、自分で取り組んだ改造スイングを試す舞台でもある。

初日のスタートはインコース10番から。だがティショットは、絶対に入れてはいけない右バンカーへ打ち込んだ。315ヤードをワンオンに出て失敗するが、その後はダブルバンカーショットを4メートルのカラーに乗せ、そこから2パットのパーでスタートした。

次の11番ロングでは逆に左に曲げる。第2打は7番アイアンでレイアップし、残り230ヤードを5番ウッドで3オンに成功する。

スタートの前半はティショットを曲げてドタバタするが、それでも決めるところは決めて33とした。

後半は3番でバーディを決めて35、トータルで5バーディ、2ボギーの3アンダー、68ストロークで暫定九位につけた。

リビエラCCは風が強く、アップダウンの多いコースで慣れていない若い選手より、ベテランがいい成績を残す。初日は日没のため3人がホールアウトできなかった。それでもトップであがったジャスティン・ジョンソンとの差は4ストローク。いいスタートだった。

まだドライバーは左右にブレて、半分以上がラフやバンカーに入った。この日の公式測定では、石川のフェアウェイキープ率は43％、それでもランクは9位というから、他の選手も石川同様ドタバタしている。

ところがパーオン率は67％。ラフやバンカーからのリカバリーが上手く行った証拠。こちらは22位。

ドライバーの平均飛距離は263ヤードで、順位は132人のうち116番目。飛んでいない。

ティショットのミスをアプローチで上手くカバーし、「パー拾い」のゴルフ。本人も「今日のゴルフは60~70点」と辛い評価。それでも68を出して、アメリカ本土での第1日は悪くない。内容の悪いゴルフだが、いくらか「耐え切るゴルフ」でいい結果を出したことに、ちょっと照れ笑いしている。もっとも本人は「こんなゴルフではどうにもなりません」と心の中で思っている。

「反省点もたくさんありましたけど、とにかく素晴らしい1週間でした。日本でやってきたことをアメリカでも出来ました、ハイ」〔2010年　ノーザントラスト最終日〕

予選2日目は朝から暴風雨となり、石川の組は13番ホールを終えた時点で中断となる。バンカーには水がたまり、コンディションは最悪。それでも13番までノーボギーの2バーディ、5アンダーと伸ばした。その後は翌日に続行され68として、トータル6アンダー、4位タイで予選を通過した。

第3ラウンドはサスペンデッドになるが、石川は72で終え、5アンダーで最終ラウンドに進んだ。

石川遼は、密かに「トップ10入り」を意識していた。

最終日は晴れ。弱風が吹く。ペアリングはアーニー・エルス。腰痛持ちながら、飛距離では大きく引き離される。ショットも乱れる。

1番503ヤードのパー5をまずバーディで発進した。この日はグリーンが固くなり、グリーンにオンしたボールがはずむ。

2番から5番までパーセーブで進んだ6番ショートホールでは、バーディを決めて、トータルスコアを7アンダーと伸ばした。ところが、そのあとの7番から16番まで5ボギーを叩き、一気に2アンダーと崩れた。

原因はショットの乱れと、固くなったグリーン攻略のミスだった。それでも石川は、日本での放映に応えようと、いつものギャラリーサービスを意識している。しかし日没によるサスペンデットなど、慣れない進行に疲れが出た。

石川遼は残り3ホールに何かをやる選手だが、ここでも、気持ちを切り替えて17番ロングホールから爆発した。

17番は590ヤードのロングホール。彼のティショットは右に出てラフに入る。飛距離は293ヤードと比較的飛んでいる。第2打はピンまで35ヤード手前のフェアウェイに運ぶ。そこからの第3打は、ロブショットでピンの左下90センチにピタッとつけてバーディを決める。

18番のホームホールは打ち上げの長い475ヤード、パー4。ここは距離があり、第2打が打ち上げのため、パーをとることが至難のホール。

ティショットは262ヤード。グリーンまで残り215ヤードである。グリーンは遙か見上げる位置の砲台グリーン。石川遼は4番アイアンで打った。ところがワンクラブ分ショートした。カップから12メートル下にオンする。こうした打ち上げ・打ち下ろしの距離のミスが、遼の課題。飛ばす選手の迷いであり、悩みである。解決は試合数をこなす以外にない。

もっともこの12メートルが入り、連続バーディを決めてようやくギャラリーに応えた。彼の言葉にあるように、この試合は70点の評価だそうだ。

「（131位転落）バーディを取れないより、バーディ、ボギーが多いほうが先があります。（今日）バーディ6個が僕の気持ちを救ってくれました」（AT&Tペブルビーチナショナルズプロアマ2日目）

アメリカ西海岸の3試合の第2戦は、プロとアマが組んでベストボール式の予選3日間と最終日プロだけのストロークプレー方式という、変わった楽しみ方のペブルビーチナショナルズプロアマ戦である

今年もスポンサーがAT&T社で賞金総額は610万ドル（5億5000万円）。場所はモントレー半島のペブルビーチGLほか2つのコース。

アマとプロが楽しむ恒例の大会で、ハリウッドの俳優たちはこの日を楽しみにしている。なにしろアマ・プロそれぞれ150名が出場する。アマチュアの中には高額な費用を出して、この大会にエントリーしている者もいて、ウェイティング状態。

石川遼は、ハリウッド俳優のルカス・ブラック（27）とタッグを組み、初日はモントレーペニンシュラCCを回った。同伴組はリッキー・ファウラー（21）と俳優のクリス・オドネル。オドネルはハンディキャップ6。ルカスはゼロという腕前。

プロは自分のストロークのスコア、団体は2人の各ホールのベストスコアをとり、合計で競う。初日石川は、慣れないアマ・プロ戦に2バーディ、4ボギーの72で回った。順位は125位と悪い。

2日目は場所が隣のスパイグラスヒルGCに移り、6バーディ5ボギー、1ダブルボギーの73。順位は3オーバーの131位と後退する。

だが、彼の中では順位もさることながら、2日目6バーディがとれたことを自分なりに評価している。ボギーを叩いたホールもドライバーで積極的に攻め、ラフに打ち込んで苦しむが、攻撃のゴルフの結果のボギーであり（18番）、ダブルボギーだった。スコアをまとめようと思えば、冒険をせずにアイアンでティショットしてフェアウェイをキープすればパーにまとめることはできる。しかし石川遼は、積極的にドライバーで攻めて、結果としてボギーを叩く。

取材に来た記者たちは予選を通過して本戦に進んでもらいたいのが本音で、3オーバーでは予選パスは絶望。記者たちはがっかりしている。だが、本人は6バーディをとれて「いい攻めができた」と、成長した自分を振り返る。

過去、この大会では新井規矩雄が予選を通り、上位に喰い込んでいる。記者たちも石川遼にスコアメイクを期待したのだが、本人はいいスイングで結果を出すのがメインで、ちょっと噛み合わない。2日の時点で、予選パスはありえない状況になったが、本人はいたって後悔していなかった。むしろ手応えを感じとっている。

「開き直っていいプレーができました。このコースが全米オープン（6月）の難しいセッティングになると思うと怖いです。今のこの気持ちを早く変えられるよう自信をつけて、またプレーしたいです」〔AT&Tペブルビーチナショナルズプロアマ3日目〕

石川とリッキー組の3日目の舞台はペブルビーチである。この日は晴天に恵まれるが、弱風が吹く。しかし海風は重い。

ペブルビーチは「行って来い」のワンウェイのコースで、いわば片道通行である。9番ホールはカメール湾に沿った打ち下ろしのホール。ホール全体は6816ヤードと短いが、風とグリーン面がクセ者。

予選通過を諦《あきら》めていた石川遼は、予選3日目に挑んだ。6月17日からの全米オープン用に、他の選手と同じように下調べを兼ねてプレーした。

スタートホールは381ヤードのストレイトホール。石川はナイスショットし、2打は1メートルにつけた。がスパイクマークにけられ、3パットのボギーでスタートした。続く2番ロングでは、バーディを決め帳消しする。6番513ヤードは第2打が打ち上げの砲台グリーン。そのグリーンの右に、名物ショートホールのティグラウンドがある。

このロングもバーディに決めた石川は、続く7番の名物ショートホール（106ヤード）をアプローチウェッジでカップの横20センチにつけて、連続バーディとする。

このホールは、10メートルほどの打ち下ろしで花道がない。改造前は花道があり、アーノルド・パーマーはアゲンストの強風の中をパターでティショットしたことがある。結果は2オン1パットのパーで上がり、得意がった。

幸い石川遼が回る頃は弱風。それでもカメール湾は荒れて波しぶきが立った。そこをAWで攻めてバーディを決め、「このホールは好きなホール」とご機嫌になる。スコアはアウト3バーディ、1ボギーの34。

インコースは住宅に沿って内陸に入り、17番ショートから再びカメール湾に戻る。風の向きが変わるので、誰もがインコースを苦手にする。

折り返しの10番から、グリーンに悩まされた。スパイクマークでグリーンの面がデコボコしている。それがライン上になると、どんなスーパーショットでも入れるのは至難のワザ。強めにヒットして、直接カップの向こうの壁に当てて入れるぐらいの勇気が要る。

石川遼は、こうしたトラブルグリーンにナーバスになっていた。1メートルのパットも、また返しのパットも外す。まだ技術的に未熟といえば未熟。オーバースピンをかけて入れるに勇気が、課題となった。もしもその技術と勇気があれば、後半で33を出している。

もっとも、結果としては5打足りずに予選落ちするが、「ライン上のシューズ跡に慣れていくしかない」と、自分の課題を語った。

第2戦はかくして予選落ちした。

「マッチプレーでは大きくリードされると、自分のペースでゴルフができません。自分の精神力はまだまだ通用しませんでした」〔アクセンチュア・マッチプレー選手権３日目〕

世界ゴルフ選手権のアクセンチュア・マッチプレー選手権は２月17日からアメリカのアリゾナ州マラナ・リッツ・カールトンＧＣで開催された。全長７８４９ヤード、パー72と長いコースでの戦い。元は砂漠地帯。１年中乾燥していて、真冬でも22、23度。

このため、ボールの飛距離が約１割ほど伸びる。反面、グリーンは水気を失って固くなるから、狙ったところにボールが止まりにくい。アリゾナに限らず、この一帯は乾燥と高温、そして風が吹くとグリーンが速くなる、という自然現象が特長である。

昨年はこの大会に出場したくて、欠員があれば出場できる、との期待を持って現地へ出かけた。残念ながら、それはできなかった。幸いなことにタイガー・ウッズと初めて会えて、挨拶した。そのあとはギャラリーとして観戦し、「来年はくるぞ」と自分に誓った。

それから１年。ようやく出場できて、２日目に18位まで勝ち進む。

マッチプレーは技術のほかに精神面での戦いになる。負けたホールを忘れて次のホールで逆転するため、常に前向きに挑む気力が望まれる。それにはどうしてもプロの競技生活５年以上のベテランが有利。

ゴルフの世界では男子は27歳から精神面が強くなる。真剣で戦う武士の世界では、気力と「どうだ」という「位取り」が出てくるのはこの年代からだ。マッチプレーの強者となると、やはりキャリア5年以上、年齢的には25、26歳以上に多い。

ところが石川遼は18歳の高校生。まだ精神面では弱い。座禅を組んで心を鍛えるところまで追い込まれたこともない。タイガー・ウッズは仏教徒だが、キリスト教、カトリック教の人は、試合のある朝と夜にお祈りして心を静めている。なかには試合の朝、教会に出かける者もいた。

日本の18歳は、まだ体力、気力で戦う、いわば若き日の宮本武蔵である。その気力で第3ラウンドまで勝ち進み、ベスト8を賭けた相手は40歳のトンチャイ・ジェイディ（タイ）。しかし、主導権を奪われ、自分のゴルフができなかった。5&4で敗れる。

マッチプレーは「駆け引き戦」である。相手の心を見て戦う。しかし石川遼はまだストロークプレーの延長戦で戦っていた。失敗すると何度もクラブを叩きつけてイライラする。その時の動作を相手に読み切られていたことを知らない。

世界マッチプレーの勝者、青木功によると、「負けホールのことなんか、シャンメーと忘れて次から勝つんだよ。それには絶対にミスしても顔に出さないこと」だと語る。そこまで持続させる精神力とは、測り知れない。石川遼自身、まだ青木流の戦い方を会得するまでには至っていない。

「ドライバーにこだわっていたことを間違いと思いたくない」〔トランジションズ選手権初日〕

西海岸の3試合を終えて帰国した石川は、高校の卒業式に出た。そのあと日本で打ち込み、飛距離アップの練習に取り組む。その後の3月中旬、マスターズ前のフロリダ戦の2試合に出場した。その第1戦がフロリダ州イニスブルックリゾート&GCでのトランジションズ選手権。

トランジションズ社は大手眼鏡のメーカーで昨年からスポンサーになった。会長のブレット・クレイグ会長は49歳で、石川を起用して日本市場での売り上げを拡張している。昨年、石川を主催者推薦で出場させるなど、なかなかの経営者。

しかし当の石川遼は初日、大荒れした。

ドライバーショットは飛距離が伸びたものの、アイアンとパットの練習不足がスコアに現われる。もっとも発展途上なみで、ドライバーの飛距離を求めるのが主で、飛ばして攻めるスタイルは変えていない。

日本でのドライバー追求は、暖かいフロリダでその成果が出ていた。初日の平均飛距離は278・8ヤードで、全選手の中でランク5位だった。

16番475ヤードでは325ヤードの飛距離を出した。ドライバーでの体重移動のタイミングもうまく合い、「当たると飛ぶ」という結果が出ている。しかしスコアの方は大乱調。

アウトのスタートはバーディ発進するが、3番でトリプルボギーとなる。原因はピンまで192ヤードを5番アイアンで狙ったところ、フックさせて左の林に打ち込んでしまった。そのあとのリカバリーに失敗。なんと5オンの2パットでトリプルボギー。

7番ではダブルボギーを叩く。ここもラフからのリカバリーに失敗。なんともトリプル、ダブルボギー、ボギーの連打。スコアは1バーディ、2ダブルボギー、6ボギーで83。アマチュアでもアベレージゴルファーなみ。ランクは144位の最下位。同行した20人近い日本からの記者たちをガッカリさせた。

本人も、不甲斐ないスコアに「びっくりしました。簡単にボギーを叩くゴルフを受け入れるのが辛かった」と語っている。

ところが石川自身は、平均278ヤードの飛距離に手応えを覚え、内心「ヤッタ！」と嬉しかった。そしてまたも、彼はそのまま、練習場に向かい、ドライバーショットを打ち込んでいる。

時々タイミングが合ったときに300ヤード以上の距離が出ていたので、そのフィーリングのリピートである。そのときの科白《せりふ》が「ドライバーにこだわっていたことを間違いと思いたくない」だった。

結果的には2日目71で、トータルスコア12オーバーの140位。ワーストスコアでコースをあとにし、タンパの宿舎から車で2時間先の次のオーランドに移動した。

第3章

世界4大メジャーで学んできたこと

「ウッズやミケルソンと戦いたい、と思うよりも、現時点では会ってみたい選手です。将来、戦えるレベルに行きたいです」〔2009年　初のマスターズ招待状届く〕

「20歳までにマスターズで優勝したい」

と小学生の頃から努力目標にしていた石川少年に招待状が届いたのは、2009年1月下旬。政治的な配慮があってのことで、実力評価、有資格での招待ではなかった。インビテーションだから、主催者の思惑があるのは当然のことだった。

その一方で、73歳のゲーリー・プレーヤーが2009年大会を最後に引退することを語った。小柄なプレーヤーの活躍は、日本人プロたちを勇気づけ、日本のゴルフ界に大きく貢献した。老いうる者は去るのみ、はプロ生活者の宿命であるが、日本のゴルフファンにとっては石川少年のデビューが、多少心の救いだったろう。

その石川少年に招待状が届き、記者会見したときのことだったが、早くも「何位に入るか？」との無茶な質問が出た。状況からして予選パスは無理と知っていながらも、質問しなければならなかった記者の立場が理解できないでもない。

リップサービスを考慮するなら、

「僕、20位くらいに入りたい」

などと、希望的観測の順位を述べるだろうし、それが一般的である。ところが石川少年から出た言葉はなんと、

「目標の順位については、予選通過ラインがどの程度のレベルなのか想像できませんので、順位を語るのは失礼に当たると思いますので、言えないです」

と、実に気負わず、素直に答えている。

武士道の世界で言うと、これを自然体という。飾らず、流れるが如く、平常心で応じる。そういう心構えが石川少年にあるとは思えないが、多分に高校の担任教諭が明大剣道部の師範をやっていて、その影響を受けていたのだろう。

教室に入るときや友人と会った時など、目線を合わせて礼をするのは、剣道部員なら誰しもが身につけていて、自然に出てくる。それを石川少年は見て育ったのだろう。それだけでも「教育」の80％を学んだことになる。

ちなみに、この記者会見で「マスターズに向かっての心境」を聞かれた時、石川少年は、「マスターズ大会の歴史とかコースを勉強することは大事です。しかし僕は考えすぎたくありません。むしろティグラウンドに立った時の感性、自分のスイングを大事にしたいです」と語っている。

自分のゴルフをやらせてくれないのがマスターズであるが、大会第1打は、右バンカーにひっぱられた。石川少年、そうなることを予想していたのかな。

「自分のゴルフをさせてもらえませんでした。雰囲気に慣れてきた分、1番ティの気持ちは楽です。今日はボクのゴルフ人生の中でも、大きな通過点のひとつでした」
〔マスターズ初日終了後〕

憧れのマスターズの第1ラウンドは、黒のズボンに紺のシャツ、ヨネックスの白いキャップで現われた。タイガーたちの後ろの組で、主権者の配慮が窺《うかが》われた。新人の3人は、前を行くタイガーたちのゴルフをうしろから見て学べるという光栄に恵まれる。ただし新人たちは、グリーン上がスパイクマークやピッチマークで荒れる最終組である。早いスタートのほうがグリーンが荒れずにいいスコアが出る。但し2日目は逆になるので、公平なスタートタイムになる。

第1ラウンドのスタートティに立った石川遼の表情はどこか不安そうだった。スイングに自信がない様子が強《こわ》ばった顔から読み取れる。ドライバーでのティショットのボールは行ってはならない右のバンカーに転がって入り、そこからボギーで発進した。

オーガスタの攻め方は、スタート3ホールでボギーを叩かないことである。この3ホールでボギーを叩くと、4番ホールから焦り出す。そこから、5、6番と崩れて、立ち直れなくなる。4、5、6はアウトのアーメンコーナーの由来はそこにある。

遼は出発前にオーガスタの攻め方を先輩たちに教わっていたが、スターホールでボギーを叩いた。2番で30センチに3オンしてバーディを取り穴埋めするが、3番で2打をグリーンオーバーさせてボギーとした。4番ショートもボギー。5番で3メートルを沈めてバーディとするが、7番、9番でボギーを叩き、アウトを3オーバーと後退する。

後半は見事に気を取り直した。11番こそボギーにするが、13番で220ヤードから2オンに成功する。しかし3パット。この辺りから表情にゆとりが出た。14、15番を連続バーディにして2オーバーとする。

18番もカップの上1・5メートルに2オンしてバーディを決め、スタートホールのスコアである1オーバーに戻した。上がり4ホールで稼いでいる。

なかでも18番の攻略は見事だった。カップまでの残り150ヤードの打ち上げを、右上に落として回り込み、1・5メートル上につけている。

この日のスコアは前半で2バーディ、5ボギー、後半が3バーディ、1ボギー、合計5バーディ6ボギー。ワンラウンド5バーディは初出場にしては上出来。

予想以上に、大ギャラリーの前で緊張して自分のゴルフが出来なかった。これは初出場者なら誰もが体験するオーガスタの怖さである。ギャラリーが入ると、各ホールはわずか20ヤードを欠けるほど狭くなる。少年石川は、攻めていくにつれて怖くなっていたはずだ。

これこそ、マスターズの洗礼である。

「楽しくプレーすることを心がけましたが、36ホール、ひとつも楽しめませんでした。1年間がんばってきたことがここで試されました。また1年間、トーナメントを立ち直してここに戻ってきてがんばりたいです」〔マスターズ2日終了後〕

2日目は風が吹いた。15メートルの突風も吹く。シャツやズボンがバタバタと音を立てて揺れる。

空はどんよりと曇る。オーガスタ一帯は、この季節は雨や風に見舞われることが多い。遼はこの日、予選通過を願ってスタートした。しかし風の読みに苦しむ。

1番ではティショットを左へ曲げた。ショットに自信がないこともあるが、風の迷いが裏目に出た。ボールは左林の下にいるギャラリーの中へ飛び込んだ。そこから辛うじて出して、3打でカラーに止める。しかしパーパットが入らず、ボギーで発進した。

前日バーディを決めた2番ロングは3オンできずグリーン奥へ。そこから4オンさせて1パットのパー。3番パーのあとの4番ショートもボギー。そのまま、5、6、7番をパーにして耐え切る。

耐え続けたあとの8番ロングで30センチに3オンさせてやっとバーディ。9番はパーオンできず、3オン2パットのボギーとして3オーバーに後退した。

後半戦はアーメンコーナーをパーセーブして、15番ロングでカップの右上15メートルに2オン成功。ここを2パットのバーディにした。2オーバーのままホールアウトすれば、予選通過が可能なライン。

ところが16番で大きなワナにはまる。

16番ショートホールは、ピンの位置が右バンカーすれすれのところに立っているように見える。石川はバンカー越えに出た。ピンとバンカーの間に落として、バーディチャンスをイメージした。

高く上げたボールはちょっと短く、バンカーに摑まる。しかもボールのライが悪い。心もちダウンスロープライ。ピンは目の前に立っている。

遼は上手く寄せてパーセーブを考えたが、上手く出たボールは下りの傾斜を20メートルも転がって行った。そこから寄らず、3パットして痛恨のダブルボギーを叩いた。

すべてはここで終わった。あと1ヤードほどボールが伸びていたら、バンカーの先に落ちてピンの根元に着地していたかも知れない。そうすれば1オーバーで17番に歩け、どこかでバーディを決め、イーブンパーにして予選をパスしていたかも知れなかった。

マスターズのむずかしさは、常にギリギリのところにカップを切って挑戦させることである。だからドライバーもアイアンも上手くないと、予選パスできない。

かえすがえすも残念なのは、初日、2日ともスタート3ホールでボギーを叩いたことである。17歳だからこんなものだが、「マスターズを楽しめなかった」。悔しい思いのまま帰国する。

「やってみよう、というところからミスが生まれました。その実力はないのに。自分の力量とうまく対話してコースと戦っていかなければならない」「オーガスタのためと思えば、また頑張れます」〔マスターズ予選落ち、帰国後の会見〕

マスターズ2日目のミスショットは、反省させられるところばかりだった。「あの1打を、もっと上手くやれば」とか「あの時、勇気があったなら」とか、反省させられることが多い。

4つのロングホールはバーディ。なかでも510ヤードの13番は、2オンのチャンスホール。ティショットを上手く打てば、7番アイアンでの2オンも可能になる。ところがオーガスタナショナルは、樹木を自然の状態にしてあるため、枝が伸び放しである。横にも上にも伸びているから、短いロングホールにもかかわらず、打たせてくれない。

13番はティグラウンドを退ける前までは、左の樹の上、または右横を狙ってドロー系のボールで攻められた。フェアウェイは右上がりで、センターに落ちたボールはクリークのある左へ大きく流れる。

その辺りがベストライで、グリーンが狙いやすい。イーグルパットを沈めた選手のほとんどが、その辺りにボールを運んでいる。

ティグラウンドを退けてからは、フェアウェイは90度近いカーブを描く。ドッグレッグではなくなっている。しかも樹木が4メートルほど高くなって選手を苦しめる。

もっとも、スプーンで林越えに成功すればグリーンまでは最短距離となり、2打目の足場もいい。しかし1発ミスすると、クリークか左の林の中にハネて落ちる。場合によってはロストしかねない。

石川遼は、林越えを狙って失敗した。若さ故のトライだった。成功すればイーグルチャンスが近づく。悪くてもバーディ。流れも変わってくる。だが、遼はティショットを左に曲げて、水がたまったクリークに入れてしまった。

彼には、林越えができるかも知れない、という可能性があった。右腰を下げたアッパーブローのアドレスから、高いボールで超えてやろうという気持ちがある。実際には失敗するが、

「やってみよう、というところからミスが生まれた」と、帰国後も反省している。その後は4オン、1パットのパーで切り上げるが、遼にしてみればボギーに等しかった。後半のバーディチャンスは、この13番からで、これまで優勝した選手はここでのバーディから勢いに乗っていった。

しかし13番の反省が、彼を前向きにさせている。今度は実力でオーガスタ出場資格をとることを決意して帰国している。

「コースは目印になるものがないので、目標が近くに、遠くに見えたりしました。キャディのリー・マッカランさんが、ナイスポイントと決めてくれるので、安心してドライバーが打てました」〔第138回全英オープン練習2日目〕

出場資格をとって初めて全英オープンに参戦した石川遼を待っていたものは、スコットランドの海風と、目印となる樹木のないシーサイドの大草原である。

場所はスコットランドの西海岸ターンベリー。樹木がないため、グリーンまでの距離や風の強さが読み辛いので有名な舞台である。また上の風と足元の風が違うので、柔らかいボールで乗せるのがやっかいになる。

ターンベリーへはグラスゴー空港から車で約1時間半。アイリッシュ海に面した西海岸一帯はロイヤル・トルン、プレストウィック、ターンベリーと全英オープン開催コースが北から南へと点在する。今回の舞台はターンベリーのエルサコース（7204ヤード、パー70）。

遼は父親、マネージャー、トレーナーたちと一緒に、先に東海岸のセント・アンドルーズに入り、オールドコースを視察プレーして、車でターンベリーへ向かっている。

セント・アンドルーズと違い、ターンベリーには建物といえば灯台ぐらいで、近くには目印となる樹木も小屋もない。海越えのティショットがあるかと思うと、サンドヒル越えのグリーンがあったりする。

ほとんどが海風。強弱が分からないので、高弾道を得意とするアメリカの選手は戸惑うことが多い。17歳の少年石川遼は、初めてのリンクスに、言葉が出なかった。

彼に幸いしたのは、用具契約先がヨネックスだったことである。ヨネックス社はテニス・バトミントンなどイギリス人の間で大人気で、地元のキャディ、リー・マッカラン(38)を見つけてくれた。

マッカランは14歳でターンベリーでキャディの仕事をしていて、全ホールの距離、独特の芝目が読める。但し、スコットランド訛《なま》りの英語が石川遼にどれだけ理解できたかは不明。耳慣れない人には聞き取れない。

しかしターゲットへの距離は、キャディがぴったりと読んでくれたので大助かりした。海外の試合に出て、初めて戸惑った試合だった。

マスターズのオーガスタナショナルは目印の樹木があり、ピンまでの距離が読めるが、ススキのような草が繁った両サイドには、ピンまでの距離を読み取る目印となるものがない。これが全英オープンの難しいところである。

17歳の石川は、生まれて初めて全英の洗礼を受ける。芝目を読んでアドレスに入ると、キャディに「逆だよ！」と指摘され、仕切りなおし、説明を受けた。父親ほどの年齢差のキャディに助けられるのも、この時が初めてである。17歳はいろいろなことを体験しながら、自分の道を切り開いて行く。

「僕が生きる道は、攻める以外にないのです」〈全英オープン初日〉

全英オープンで、石川遼は憧れのタイガー・ウッズ、それにイギリスのトッププロ、リー・ウエストウッドとのペアリングになった。いずれもかつての賞金王。この報《しら》せを聞いた時、遼は思わず跳び上がって喜んだ。

タイガーのプレーを身近で見たのは、4月のマスターズである。前の組を回っていたので、うしろからタイガーショットを見ることができた。

タイガーと回るにはアメリカツアーの決勝戦で同スコアになり、運よく一緒のペアリングを待つしかない。ところが主催者のR&Aは、「米英日」のトップスターを同組にした。

その理由をR&Aのピーター・ドーソン最高責任者は、「沢山のメディアの関心を集めることは認識していた。組み合わせにはいくつかの配慮があるが、その要素として、出身地が違うこと、テレビ局の要請、選手のプレーのスピードなどがある」と語っている。

それにしても初日、2日の予選でタイガーと同組になるとは想像したこともない。もう1人のウエストウッドだが、彼が太平洋マスターズで優勝した時は小学生だった。そのことをウエストウッドに話すと、ウエストウッドは「小学生？　それが今はオレと？」と目をグルグルと回した。

初日、大観衆が、この3人を見守った。日米英の記者がゾロゾロと規定のロープサイドを歩いて観戦する。

354ヤードのスタートホールを、石川遼はコースに合わせて2番アイアンでティショットしたが右ラフに入る。タイガーもアイアンでフェアウェイの中央。ウエストウッドもアイアン。しかし石川もタイガーもパープレー。2番は二人ともバーディ。8番まで二人は同スコアだった。ところが11番でタイガーがボギー、16番でもボギーを叩き、17番でバーディを決めて2アンダーとした石川遼に3打差と遅れた。

そのことを「今日はこんなところさ――」とタイガーの心境を描写している。タイガーは1オーバーの68位タイでも、明日は5アンダーぐらい出してトップグループに返り咲く力があるのは当然のことで、遼はいい勉強をした。

この日、石川遼は5バーディ、3ボギーで21位タイの好発進だった。

スタート前日はタイガーとの同組になった心構えを聞かれた時、「タイガーと一緒でもスタイルは変えません。僕が生きる道っていうのは、攻める以外にないと思うのです」と語っていた。

その通りに、タイガーがアイアンでティショットするところを、思い切りドライバーでティショットした。ボールは右へ流されてラフに入るが、それでも積極的に攻めた。

タイガーのゴルフを聞かれると、「格が違うなと感じました。ショットは安定していませんでしたが、それでもリカバリーは当たり前のようにやる。余裕が違いました」と語る。

「日本に戻って何を磨くかと言えば、とにかくドライバーをストレートに、もっと飛ばすことです。この悔しさがあるから気合が入ります」「風に気持ちが負けていました」〔全英オープン2日目　予選落ちの会見〕

2日目は冷たい北風が吹いた。スコットランド特有の、重く、冷めた海風である。腹の底まで凍るような風は少年プロ石川遼には辛い。この日は下から赤い長袖の防寒性の強いシャツ、その上に黒の半袖シャツを重ね着した。

タイガーは黒のセーター。彼も風が苦手。その点、リー・ウエストウッドは慣れたもので、寒さも風も気にしない。

石川は4番ホールでボギーを叩いただけで、前半は風の中をひとつ落とした。だが後半からむずかしくなる。

10番はまともに左横からの強い風が押してくる。左のバンカーを狙ってドライバーで打ったボールは風に流されて右のラフに入った。

このホールをタイガーはスプーンでティショット。これも風に流され、深いラフに。5分間捜すが見つからず、ロスト宣言して打ち直す。使用クラブは低めのボールを打つため、2番アイアンに切りかえた。

憧れのタイガーが眼の前でトラブルに苦しむのを見ていた石川遼に、多少の動揺と同情があったのは否めない。タイガーの不運は、また自分自身の不運でもある。タイガーは2

オーバーと崩れる。ここでロストすればボギーは間違いない。

他人のことなど、かまっておれないのが全英オープンの特徴だが、ことタイガーに関しては、わがことのように思えたはずである。タイガーはそこから2オンに成功し、2メートルのパットを2パットにしてダブルボギーとした。

石川遼も、右の深いラフに打ち込み、220ヤード先のグリーンに向かい、そこからクラブを短めに持ってバンカーの左を狙って打ち込んだ。ところが風に流されたことと、ボールが高く出なかったため、グリーン手前のドーナツ型バンカーに掴まる。

バンカーなら打てるが、不運にも真ん中のコアの深いラフの中に沈む。これは以前なかったバンカーで、今回コース側が仕組んだ罠のバンカーである。そこにまんまと掴まった。

結局このホール、アンプレアブルを宣言してワンペナを払い、4打で乗せたが、左上4メートルというむずかしいライン。そこから2パットにして、痛恨のダブルボギーと崩れた。トータルスコアは、それでもまだ1オーバー。タイガーは4オーバー。ウエストウッドは3オンさせてパーの、トータル1アンダー。3人ともまだ予選通過のチャンスはある。

だが17歳は、そこから風に崩されて立ち直れない。安全にパーセーブに出ようとするが、積極的にせめて墓穴を掘る。その結果は11番から15番まで連続ボギーを叩いて崩れる。

17番のロングでバーディを決めて6オーバーとし、予選カットの4オーバーに2打足りず、無念の予選落ちとなる。「風に気持ちが負けていた」と敗因を語る。まだ17歳。精神的にはこれから強くなる。

「なんとか2オーバーにおさまりました。明日頑張ります。ボクは朝が早い方なので、しっかり（体を）あたためてスタートすれば問題ないと思います」〔全米プロゴルフ選手権初日〕

全米プロゴルフ選手権は使用コースの長いことで有名。ロングヒッターの戦いになる。この年は、ミネソタ州のヘーゼルティンGCで開催された。

最後のメジャー戦は、前年のマネーランク5位の資格で出場している。それだけに、ラストメジャー戦への意気込みは強かった。しかも17歳の最後のメジャー戦である。

サンクロレラ戦の翌週にアメリカへ出発する石川遼には、北海道のベント芝で打ち込んだのが幸いした。小樽CCまでの2週間、北海道のベント芝でラウンドしたことで、洋芝にも慣れ、また速いグリーンのタッチも摑んだ。

予選のペアリングは、彼が尊敬するオーストラリアプロのアダム・スコットと一緒になる。スタートはアウトコースから。とにかくパー4のホールがフラットで長い。キャリーボールの勝負となる。

石川遼はスタートホール、490ヤードの長いパー4で2オンに失敗した。なんとかワンパットにおさめてパーで発進する。だが2番431ヤードでも2オンに失敗し、2パットのボギー。その後も、寄せながら、パットに苦しむ。

前半では6番でもボギー、8番のショートもボギーと苦戦する。バーディホールは7番ロングと9番。後半は10番452ヤードを8メートル上に2オンさせ、バーディを決めてトータルスコアをイーブンパーに戻した。

とにかく各ホールが長い。11番ロングは606ヤード、12番ミドルは518ヤード、15番ロングは642ヤード、18番ミドルは475ヤードである。日本のコースで言えば、パー76のコースレートに匹敵する。

11番ロングホールに来た時、小雨となった。遼はグリーン右のバンカーに摑まり、3打目も寄らず、4オンの2パットでボギーと後退する。

13番のショートはなんと278ヤード。ワンオンに失敗して2パットのボギー。合計2オーバーと崩れた。

しかしその後は気持ちを切り替えて粘る。14番はワンパットのパー、15番ロングも3オン2パットのパー。16番から18番まで2パットにまとめて、トータル2オーバー。順位は69位タイに踏みとどまった。

2オーバーは、カットラインのところで、2日目のスコアを同スコアにまとめれば予選突破できる。結果的には2日目も2オーバー、トータルスコアを4オーバーとして、初めてアメリカのメジャー戦で予選を突破した。

だが、今回も初日のスコアがいつも課題だった。その意味では、メジャー戦で3バーディ5ボギーの2オーバーは、2日目の試合につながる。

「土・日にプレーしたい夢が叶いました。やり残したことが一杯ありますが、まだトップ10位、20位は狙えます。最後まで諦めずに行きます。絶対に諦めずに行きます」

〔全米プロゴルフ選手権2日終了後〕

全米プロには、腰を痛め昨年欠場していたタイガー・ウッズが、8ヵ月ぶりに参戦した。初日5バーディ、1ボギーで回る。17歳の少年石川遼には、いい刺激になった。

ところが2日目は、風が強くなった。早朝スタート組の遼たちは、インからスタート。10番ホールはクラブハウス前からの打ち下ろしホール。しかし朝日に向かって逆光となる。予選突破を自分に誓ってのスタートだった。17歳の最年少プロとして、予選を突破するだけでも、大したものである。それをやりとげようとの固い決意で挑む。

だが、12番518ヤードの長いミドルホールでボギーを叩いて躓《つまず》く。その後は14番をカラーからねじ込んでバーディとする。16番も3メートルに2オンさせ、バーディにして、ひとつ縮める。風はこの頃から次第に強さを増してきた。

17番ホールは池越えのショートホール。グリーンエッジまでの距離は182ヤード。初日は7番アイアンで2メートル奥につけてパーにしている。しかし2日目は風が吹き、グリーン上のボールまでが揺れる。遼はカップ8メートルにつけた。グリーンは風が吹いて速くなっている。第一パットは1メートルに寄る。ところがこの1メートルのパーパットを弱く打ったために風に流された。返しも風に流されて不運の4パット。痛恨のダブルボギーとした。

後半のアウト1番ホールはボギーとして、トータル4オーバー。カットラインである。何がなんでも予選通過を果たしたい遼は、ここから攻撃に出た。しかし風には手こずる。ついに4番でボギーにする。ラスト2ホールめの8番176ヤードのショートホールでのこと。なんと1メートルに着地し、バーディパットを沈めた。9番は惜しくもバーディを逃がすが、トータル4オーバーの62位。辛うじてメジャー初の予選を突破した。

実はこの日のスタートホールから、背中に痛みを感じ始めていた。本人は朝から違和感を覚えていた。ドライバーでバックスイングに入ったとき、背中に痛みが走る。

ところが、いざティグラウンドに立つと、痛みを忘れたかのように、そのままティショットした。その後も気になって、リズムを崩している。

ボールは右、左へと曲がる。それでも遼は予選を突破したい一心で、顔に出さずに歩く。ただし、ティショットしたあとの遼の顔には「イタイ、けど頑張らなくちゃ」と表情に表れていた。

本人はなるべく顔に出すまいと決めていたが、痛みは自然に顔に現われた。後半のアウトに入った時は、バックスイングするのが怖いほどだった。しかし本人は、気にすると影響するので、最後までフルショットした。彼の忍耐のゴルフが天の神に伝わったのだろう。遅いスタートの選手たちが、風と荒れたグリーンに苦しみ、スコアを崩したおかげで、4オーバーながら予選をクリアできた。

「本当に、最後まで諦めずにやりました。すべてのメジャー戦に出場することが新たな目標になりました」「最高の1週間でした。オフをつくらず、練習して、リベンジを、自分の課題としたいです」〔2009年　全米プロゴルフ選手権最終日〕

最終日は、タイガー・ウッズと韓国のプロ、Y・E・ヤンとの一騎打ちになった。首位を走ったタイガーの前に立ち塞がったのは、Y・E・ヤンだった。

タイガー敗北の原因は、同じマイノリティなヤンと競ったことである。タイガーはアジア系のプロと回ると、どこか人の良さが出るというか、隙をつくってしまうところがある。一方のヤンにしてみれば、タイガーと一騎打ちできる好チャンスに、1打1打に集中できた。

17歳の石川遼は、結果として8オーバーの56位タイに終わるが、予選を通った日の夕方には、練習場に入って打ち込んでいる。背中に痛みがあるが、パターやアプローチ中心に、びっしりと練習した。また、タイガーの練習をも見届け、体とクラブの先までが連動して一緒に動いているところを観察する。

インパクト前に体重が左足に移り、ヘッドが遅れて入ってくるところも、キッチリと見届けて自分のものにする。

最終日はスコアにこだわらず、ベストショットで最終日まで戦った。同伴プレーヤーのフィル・ミケルソンの体重を上手く使ったスイングをも眼の前に見る。

ミケルソンとは、片ことの英語を交えて話した。その時、もっと英語をマスターしたいと思う。

スタートホールと3番ロングでボギーを叩いて出遅れるが、すぐに7と9番でバーディを決める。後半は、まだ背中の痛みをこらえてスイングするが、ボールは曲がり続け、寄らず入らずでボギーとして10オーバーに後退した。ところが、15、16番で連続バーディを決め、スタート前の8オーバーに戻す。

17番ショートホールは2パットのパー。18番は第2打を左バンカーに入れるが、そこから1メートルに3オンしてワンパットのパーで切り上げた。

ホールアウト直後のテレビインタビューには、「あと4日間あったらアンダーが出せた。いい収穫が多かった1週間でした。もう一度戻ってきたい。将来はここでプレーしたい」と、長いコースでの戦いがお気に入りとなる。

背筋痛に耐えながらの17歳は、こうして全米プロというメジャー戦で4日間戦った。普通の少年なら、大人といわず、哭《こく》をあげてダウンしている。だが彼は戦い続けた。それも自分を信じてのプレーだった。こうして17歳は、初めてメジャー戦の良さを味わった。

「自分のプレーがオーガスタで生きてうれしかったです」〈２０１０年　マスターズ初日〉

「今年は自分の成果をテストされるようなつもりで、来ました」

スタート前の石川遼は、２年目のマスターズ開幕前にこう語っていた。昨年５オーバーで予選落ちして悔しい思いをしたことが、２００９年のスタートになった。

「何よりも飛ばすこと」と、ドライバーでの飛距離がアメリカの選手にいつも30ヤード前後足りないことを知っている石川は、マスターズ終了からすぐに飛距離アップに取り組んできた。

彼には休んで、打ち込んでいる時間はないため、帰国後の試合先で練習するほかない。まだ身長や体重の面で大人になっていないが、ヘッドスピードを上げ、うまく体重を移動させてヒットするスイングは完成に近い。フロリダでは平均２８０ヤード前後まで伸びていた。それをテストするのが、マスターズである。

初日のスタートホール。石川遼のボールは左からの風に流されて右のバンカーに掴まる。ところがそこから2メートルに寄せ、バーディで発進した。２番もバーディ、３番でボギーを叩くが、スタート３ホールでオーバーパーになると４番から辛くなるのがマスターズ。

幸い遼は１打貯金できた。

案の定、４、５で連続ボギーがくる。７番もボギーとして１オーバーに後退する。８番ロングでバーディを決めると、9番も決めてアウトを1アンダーにして折りかえした。インに入ると10番で第2打が左林に入る不運に見舞われてボギー。しかし15番を5メートルに2オン成功し、イーグルチャンスを迎える。が、外してバーディ。16、17をパーにして、18番でミスする。

このホールはフォローの風が吹き、石川遼はピンまで129ヤード手前のフェアウェイまで飛んだ。ドライバーは336ヤード飛んだことになる。

石川は第2打でミスした。アプローチウェッジで狙ったショットはグリーンの斜面に当たって戻る。そこからのアプローチを4メートル上につけるミスを犯す。パーパットも入らず、スコアはイーブンになる。

この日のピンの位置は、4日間の中で1番やさしい位置だっただけに、ボギーパットはショックだった。

第2打のミスは風に乗せたつもりが、ショートしたことである。打ち上げ、追い風の計算ミスだった。結果的には、この第2打及びアプローチミスが、2日目の石川遼を焦らせることになる。

「自分の中では合格点です」と本人は語っていたが、心の中では悔しい思いをしていた。しかし彼はそのことを口に出さなかった。ただ5バーディを決めたことでは、手ごたえを覚える。

「頑張ったな、と思いたかったのに、思えなかった。それがすごく悔しいです。自分の中の自分が、自分を崩していった。オーガスタの何かにやられたのでなく、自分の中の闘いに負けてしまいました」〔マスターズ2日目終了時点〕

予選落ちした石川遼は号泣した。

2日目は気温が20度前後まで上がった。しかし初日と逆の西北の風になった。石川遼は予選突破にかけて、赤の半袖シャツ、黒ズボン、黒キャップで身を引き締めてティグラウンドに立った。ちょっと気になったのはラストから3組目ということである。ラスト組に近いほどグリーンコンディションが悪くなる。全選手がボールを取り上げるため、カップ回りに片足をかけることで体重がのり、スパイクで凹面が増える。1メートルのパットのライン上にそうした凹面ができると、ワンパットはむずかしくなる。

2日目、石川遼のボールは左のギャラリーのほうへ飛んだ。いきなりボギーでの発進である。オーガスタはスタート3ホールをパー以上で上がらないと、予選カットはむずかしい、とのジンクスがある。石川遼は初日と違って、別人になっていた。

3番ロングでもバーディはとれない。やっと8番ロングで2メートルのパットを沈めてバーディにしてトータルスコアをイーブンにする。

折り返しで、バーディをとるかと期待したが、スイングもパットもボロボロになっていた。同伴プレーヤーのエルス、キムがスコアを伸ばすなかで、彼だけが、まるで借りてきた猫のようになっている。精神的に負けていた。

ついに10、11番でショットを曲げて連続ボギーとして後退する。アーメンコーナーに入った12番での4メートルのバーディパットが決まらない。だが13番ロングでは、2オンに成功した。ここでバーディを決め、残り5ホールに賭けた。

ところが14番でボギーを叩き後退する。15番ロングは2オンに失敗し、バーディパットも入らず、トータルスコアを2オーバーとした。

この時点で、「3オーバー」が予選カットラインとなるか、本人は知らない。そのまま16番でティアップした。

ここは昨年の予選カットを決定した鬼門のショートホール。遼は右のピンに対してストレートに攻めるが、落下した位置が悪かった。ボールは15メートル左下へ落ちていった。

このホールで、またも遼はファーストパットを2メートルもショートさせ、その後のパーパットも入らず、ボギーを叩き3オーバーと後退する。あとは2ホールをパーで回ることだった。遼は17番ティでそのことを知る。

だが18番で、ティショットを左の松林に曲げた。2打はのらず、3オン2パットのボギーとして、1打足りずに無念の予選落ちとなる。重圧に精神面が負けていた。特に予選カットラインが気になるインコースに入ったとたん、石川遼の体はガチガチになっていた。18歳はまたもマスターズの重圧に敗れた。

第4章

神様が見守る中で取り組んだ4日間

2009年　日本オープン

「今日（初日）のゴルフは十分です。良いゴルフが出来たし……。けさ、新聞で片山（晋呉）さんが優勝スコア10アンダー以上というのを見て、片山さんにはやさしく見えるのかなと。難しいと思いすぎるとチャンスは遠のいてしまうので……。今日もアンダーパーが予想以上に多かったし……そこまで難しいと考えすぎないようにしたい」（日本オープン初日（スコアは2アンダー））

アメリカでのプレジデンツカップに初出場した石川遼は、すぐにアメリカを発ち、日本オープンの週の火曜日、成田空港に着いた。世界の強豪たちと、9月17日に18歳になったばかりの少年プロ石川遼は、スイング改造の必要を感じて帰国した。

長い足を使って、ハンドファスト気味のインパクトでボールを打つ世界の強豪プロたちのスイングを見て、大きなショックを受ける。

ハンドファスト気味にボールを捉えるということは、インパクトで体重が加わり、ヘッドスピードが速くなって、ボールへの衝撃度が強くなるということである。

オデブちゃんで、オハイオの白熊と言われた頃のジャック・ニクラスのインパクトは、ハンドファストの形でボールを捉えていた。彼が2番アイアンでダウンブローに打ち込んだ時などは、傍で見ていると足元で地鳴りがしたものである。

力学的には「体重＋ヘッドスピード」の2乗が飛距離である。野球など重いクラブを早く振れると距離は出る。しかしスイングにはリズムというものがある。ジャストミートしない限り飛距離は出ない。

ましてゴルフでは、地面に止まっているボールを叩くわけで、なお難しい。軽く当てると距離は出ない。速く振って当てると距離は出る。しかしそれだけでは納得できず、戦前から、外見上はハンドファストだが、体感上はレートヒッティングでボールを捉えて距離を出した。

1940年頃のボビー・ジョーンズのスイングの分解写真を見ると、インパクト直前に両足が送り出され、インパクトでは両手の位置がボールの位置より、ひと拳分前に出ている。左膝も送り出され、右膝が体重を加える形になっている。

このファストハンド（手が前に出る）のインパクト現象は日本でも応用され、石井朝夫プロ、陳清波プロなどが早くから海外試合に出て、体得してきた。クラブが軽くなると、さらに飛ばしたく、手と足が一緒になってインパクトする選手が出てくる。ジャンボ尾崎が典型的で、左壁をつくって叩きつけるスイングである。

遼はアメリカのプロたちと戦っているうちに、すぐにスイングを改造して翌年のマスターズに間に合わせようと、水曜日から取り組んだ。片山が「優勝10アンダー」と予想スコアを立てた時の、不安と焦りを感じる石川遼の内面の心が読みとれる。

「ラッキーなことに、左フックしてバンカーに入ってくれた。ショックで下手だなと思ったけど、下手過ぎてバンカーに入って、割り切って、しようがないと。刻んで、選択悪かったと思うこともあったけど、自信を持って良いのかなと」（日本オープン初日）

スイング改造に取り組んだ2日後の第1ラウンドで、石川遼は珍しく15番３７２ヤード、パー4の短いホールを、３番アイアンを選択してティショットした。「ティショットは何が何でもドライバー」主義で来ていただけに、このホールの攻略作戦は意外だった。

３番アイアンで、低いティからフックボールを打ち、フェアウェイに置きにいったが、２３６ヤード地点のバンカーに入ってしまった。

グリーンのピンまで残り１３６ヤード。遼は9番アイアンで、浅いバンカーからグリーンを狙って打つ。ボールはみごと成功して右手前4メートルに止まる。

初日のカップの位置はフロントエッジから9メートル、左8、右9メートル。センターではあるが、手前側に近い。１３０ヤード地点から見ると、手前のフロントエッジ寄りに見える。

ピン手前に止めるには、相当のスピン回転が必要。

ところが遼は4メートル右下につけ、それをワンパットのバーディに決めた。アイアンでティショットしてのバーディは珍事である。

彼はこの時のことをさらにこう語る。

「15番をプレーしたのは二回目だけど、思ったより広かったので、ピンの位置によっては、明日はドライバーで行こうと思いました」

「昨日、父と話したんですけど、ドライバーでどうしても打てないホールがあるか、と聞かれて、ボクはないな、と話したんです。初日ドライバーベースで打って行って、刻んだほうがいいところは考え直してもいいかな、と」

「こういう風に、ミドルホールを刻んだりはなかったけど、最近出来るようになってきて……ドライバーで打った時に、ラフに入れるのが5分5分はあると思ったので、ラフに入るとピンに寄せる距離感が難しいので、ふと思った（3番アイアンでのティショット）。

ここ最近、120〜130ヤードの距離感が身についてきたというか。ラフに入って刻んでも、第3打で良いショットが打てたし、そういう意味では、刻んでバーディとったとか……こういう経験が生きてくるような気がします」

初日のスコアは5バーディ、3ボギーの2アンダー。深いラフ、難易度の高いコースセッティング、そこに時差ボケ、疲労が加わるなかでの5バーディは大したものである。

「ドライバーの感触は悪くなかったですが、トップからの切り返しで、ヘッドがぐらつくことがあった。身体の動きは悪くなかったですが、ボールを前にしてスイングするとタイミングが合わなかった。紙一重ですが、〇・一秒でも狂うと曲がるので、今日はドライバーのミスが多かった」（日本オープン2日目）

大会2日目（金曜日）は、時差ボケが1番ピークの日である。海外旅行者でも、アメリカ西海岸から日本に着くと、2日目から4日目まで昼間眠くなる。頭と体の動きがバラバラになってくる。

石川遼にも、疲れが顔に出ていた。朝、練習場に表われた時から、顔にサエがない。トローとしていた。しかし体は緊張しているからよく動く。

本人は「時差ボケもなかった」と否定していたが、日本オープンという日本最大のメジャー戦で、いいショットをして優勝したいという願望と、ゴルフファンに応えたいという気持ちがある。したがって「疲れた、時差ボケだ」とは言えないし、また見せられない。

こう語っている。

「昨日は8時半に寝ましたが、5時前には起きて、寝足りなかったです。でも時差ボケもなかったし、身体がふらつくことはなかったです。気持ちでも負けていませんでした。時差ボケとか、身体が疲れているとか思っていたら、もっと悪いスコアになっていたと思います」

「以前は1日の中で疲れが出てくるのが早かったです。最後の3ホールくらいで、疲れたなあーと感じるので。今日は後半に入ったら、ストレッチをしたり、素振りを多くしたりして注意しています」

時差ボケと疲れは、この日がピークで、記者会見する石川遼の目は輝きを失い、頭と身体はバラバラになっていた。口も重くなる。髪を摑んでうしろに引き倒され、そのまま眠りに入る――今にもそうなりそうな気配。

それでも彼は、ギャラリーとテレビや新聞で見るファンのため、疲れを見せまいとしていた。もうひとつ、理由がある。それは彼自身が、他人に言われたからではなく、自分1人で新しいスイングに取り組んでいたからである。完成に向かっているから、疲れを感じなかったのだろう。

それを裏付けるコメントが、「今日の4オーバーというスコアは忘れて、明日の2オーバーからのスタートで、アンダーに持って行けたらいいです。今日はドライバーのミスが多かった」

スコアは1番バーディパットを外し、2番で決めるが、3番ショートでダブルボギー。4番バーディ、8番ボギーとして前半37。後半は11番ボギー、12番バーディのあと13番と17番でボギーの39。1日で4オーバー。トータル2オーバーで、初日10位から一気に38位に後退した。疲労に耐える姿がなんともイタイタしい。

「先週はいつもと違って、毎日ディナーがあって、夜遅くなってしまった。今は連戦で、きつい時期なので、自分に対して、ガンバレとか、シッカリとか言い聞かせている」（日本オープン2日目）

プレジデンツカップは世界の強豪が選ばれて、賞金よりも名誉のために戦う試合で、過去にはジャンボ尾崎、丸山茂樹らが招待されている。

ジャンボは英会話を苦手にしているから、ディナーやパーティは欠場したが、18歳の少年プロ石川遼は、英会話ができるので、ディナーパーティに出席した。

相手は強豪ばかり。いつかは石川遼が対戦するプロたちである。

しかし毎晩ディナーパーティが開かれると、慣れていないだけに疲れる。帰国して猛練習したが、休みのない連戦。

疲れがピークの2日目は、ショットが大きくブレた。

４番ではティショットがフェアウェイの３３０ヤード地点に飛ぶ。ショットが安定した。

「トップからダウンスイングへの切り返しのとき、手元がグラックことが終始あった」と本人が語っているように、スイング改造は疲労で噛み合わない。ボールはことごとく曲がってラフに入る。

フェアウェイのキープ率は21・43％。ほとんどがラフの中である。ショットも悪ければパットも入らず。惜しいバーディ外れがあった。

アクシデントにも見舞われる。

3番ホールは164ヤードのパー3。ティショットがグリーンに乗らずにラフに掴まる。そのラフは選手を苦しめるため、意図的に20センチ近く伸ばしたラフ。そこに掴まってしまった。

本人によると、「ニラみたいなラフ。明らかに芝が高麗とは違った色をしている」。

石川遼の表現がおもしろい。こう語っている。

「4メートル掛ける2メートルぐらいのところです。そこだけがニラみたいな芝。まったくヘッドが抜けなくてびっくりしました。深かったです。200ミリくらい（20センチ）でした。フェースを開いて振るか、振りを小さくしてコンパクトにいくか。ボクは選択をミスしました。フェースを開いて大きく振るべきでした」

ミスショット、ミスアプローチ、ミスパットと最悪が重なり、ダブルボギーを打つ。

「ダブルボギーの後、畜生と思うか、気抜けするか——。あのダブルボギーは悔しかったです。スコアもまったく予選カットから遠かったし、優勝も遠のいていなかった。あれでやる気をなくしていたら、次のホールに影響していますが、僕はまったく諦《あきら》める気持ちはなかった」

ダボのあとの4番をバーディにして取りかえす。

「この日も、納得のいくスイングが出来ればボールはどこへ行ってもいいと思っていた」

そうだ。あくまでもショットの追求が主で、スコアが悪くても納得していた。

「ティショットを打って、それが高い確率でフェアウェイを捉えて、そこから高い確率でグリーンに乗せて、というのが今日は当たり前のように出来ていた。それが出来なかった時にも、ヨシ、ここからパーセーブするぞ、という気持ちになれました」
〔日本オープン３日目〕

第３ラウンドは、１ボギーの７バーディ、65という好スコアを出した。３日間のトータルスコアも５アンダーで、前日の38位からトップに立った。65というスコアは今大会のベストスコア。

好調の原因は疲労の回復と、ショットの安定にあった。

前日（２日目）のラウンド後、日没まで練習場で打ち込んでいる。ドライバーもアイアンも、右手の角度をしっかりキープしたまま、インパクトを迎えることを重点的に打ち込んだ。

遼は、プレジデンツカップで対戦したタイガー・ウッズのショットを目の前でじっくりと見届けている。

インパクトと同時にボールがとび出すのでなく、遅れてからボールがとび出すシーンが、遼の頭の中に、映像のように残っていた。

ビデオで見るのと、眼の前で足の動きからトップでの手の返り、腰、膝、インパクト、そしてフォロースルー、さらにはテークバックからフィニッシュまでのリズムを、間近で見るのとでは、まったく違ってくる。

後者は、「体で見、体で覚える」のである。

かつて彼と似た「見とり稽古」を身につけて帰国した人に、ベン・ホーガンのスイングを近くで見た陳清波プロがいる。

ワールドカップがイギリスのウェントワースで行なわれた時のことで、それが最初だった。その後はメキシコ大会で一緒になり、なお近くでボールの位置、ヘッドの抜け、全体のリズムを見て覚え、東京GCの練習場で1日中打ち込み、「モダンゴルフ」を体得した。

石川遼も、タイガーやミケルソンのスイングを見て、自分の力で頭に残っている映像を思い出しながら打ち込んだ。それからホテルに戻り、夕食をとり、9時頃に寝た。打ち込み過ぎから、充分な睡眠がとれたのも幸いだった。スタートホールからいきなりバーディ発進である。

ハイライトは6番ホール。ティショットが池に入り、1打払って横のラフにドロップした。ピンまで残り258ヤード。しかも眼の前に松の樹。彼は5番ウッドでボールを上げて木を越え、3メートルに3オンした。それをワンパットで沈めてバーディ。まさにミラクルショット。

この時のシーンを、「良いショットを打てれば、グリーンオーバーしてもショートしても、これはいいかなと思っていたので、とにかくグリーン周りまで進んでパーをセーブしようという気持ちでプレーしました」と語っている。

「明日最終日に向けては、もう少し今日チェックポイントがあったので、振り切れなくて、昨日、1昨日より4~5ヤード飛んでいないので、もう少し今のスイングペースで振れるようになってくれれば、本当に良い1週間になると思います」（日本オープン3日目）

疲れがとれて、いつもより技術を解説するシーンが多かった。

「世界1流の選手というのは、アイアンでもドライバーでも、体が回転し終わったあとにボールがついてくるというか、難しい言い方ですけど」

「つまり、ヘッドが体の回転に先行していないんです。ヘッドがかなり体の回転より遅れて来る感じ。体が回転し終わった後にボールが付いてくる、というイメージで、タイガーや世界のトッププレーヤーがスイングしていた。特にアイアンですね。アイアンでしっかりハンドファストでヘッドがボールに当たることで、ボールもコントロールされてくる。なんというか、ボールが早いというか、自分の感覚の中で分っていることなんですけど、言葉に表わしにくいというか」

「本当に何回もタイガー・ウッズの打つ姿を実際に見ましたから。そこが違うのかなと思いました。ただそれを、実際に出来るようになるには、何10年かかって、それでも出来るかどうかっていうレベルだと思います」

そして具体的に、頭の中にある映像を再生するかのようにこう解説する。

「体の回転とか、足の回転、腰の回転、止まってインパクトを迎えていたので、当たっておしまい、という感じだったんです。そのためにフォローが短かったり、フォロースルーのスピードがなかったりするので、インパクトだけが大事じゃないので、フォローのスピードとか長さがすごく大事なので。今日は本当にインパクト以降の大切さ、というのを頭に置いてプレーしました」

またタイガーと比較して、

「タイガーはボールが出てくるのが遅いというか、難しい表現ですから伝わらないと（記者に）思いますけど、タイガーをずーっと後方から見ていたんですけど、タイガーはインパクトに入るのは遅い、ボクのは早いです。タイガーのは、腰はもう完璧にまわっているのに、まだインパクトを迎えていないという——。自分のインパクトの時の足のポジション、腰のポジション、手のポジションというのが違うかな、と思いました」

具体的に解説したのは、この日が初めてだった。まだスイングは完成していなく、「あのスイングを自分のものに」という、技術への挑戦に、18歳の少年プロは、寝ても醒《さ》めても意欲を燃し続ける。

譬《たと》えボールがプッシュしようと引っかけになろうと、求めるスイングでジャストミートした時の体感を、追い求めている。

「良いライにボールがいけば5番ウッドで前の高い木を超えて、打てるんじゃないかなと。距離的に5番ウッドでオーバーは絶対にしない距離だというのは分かっていたので……」〔日本オープン3日目〕

日本オープンの試合で、石川遼はいつも多用する2番アイアンをやめ、そのかわりにボールが上がる5番ウッド（クリーク）を入れた。

いずれも250ヤード先を狙うクラブ。今回はラフが深く、2番アイアンで打ちたいホールはない、と判断しての結論だったと判断。

15番ミドルホールは250ヤード先で左に折れるホール。2番でストレートボールを打つと、そのまま突っ切って右のラフに入る距離である。

遼は、初日、3日も3番アイアンで打った。2番アイアンを使うホールはなく、むしろロングホールではボールが上がる5番ウッドが効果的。

決定的なショットは、6番ホールのトラブルショットだった。ティショットが右へすっぽ抜けて池に入った。最終的に池に横切ったところから、ルールを使って近くにドロップしたが、足場は池の方に傾斜したラフ。しかも左足上がり。

本人もこの時の状況を、

「ポジションというのが、あのホールの池のある中でも1番良くないところというか、3打目が打ちにくいところだった。もう少し左から池に入っていれば、フェアウェイにドロップできたと思う」

この時の第3打に使ったのが5番ウッド。

「若いのだから、5番ウッドを使うのは早すぎる」と言われかねなかった。最初に出た相模原GCでの日本オープンでは、4番ホールで2番アイアンを使ってティショットした。

3年目の日本オープンで初めて5番ウッドに切りかえる。そして迎えた第3打のトラブルショット。ツマ先下がり、左足上がりのライ。救われたのは左足上がりの芝が倒れたラフだったことである。あとで筆者はその場に立って、グリーン方向を見たが、50メートル前に松の樹がある。

もしも2番アイアンだったら、この樹は越せなかったろう。5番ウッドは、人間で言えばゲンコツで叩くようなもので、バックスピン量が増える。

ドロップした場所にも恵まれた。ボールは、ハネてラフの短いところに止まった。これも幸いした。しかも左足上がりなので、アッパーブロー気味に振りぬける。

5番ウッドで打つと、松の上を辛うじて越えて、グリーンオン。転がって255ヤード、カップ3メートルに止まった。

とかく見得を張って、失敗する例がある。マスターズでは、特に見得がマイナスに働くことがある。当時は5番ウッドは造られていなかった。ところがレイ・フロイドは5番ウッドを特注して使用し、マスターズで初優勝した。

石川遼も見得を捨て、多用する5番ウッドに切りかえるなど、状況の読みが良い。

「もし、ルールが耳に入っていなかったり、初めて来た人で、知らなかったら仕様がないです。次から気をつければいいし、あれが分かってた上での行為だったら、選手は悲しいです。マナーを守って見てくれているギャラリーが可哀そうです……」（日本オープン最終日の共同記者会見にて）

最終日の6番ロングホールで起きたアクシデントは、多分に半世紀語り継がれるであろう。筆者はその日、ちょうど第2打地点近くの松の巨木を背に、３人のカメラマンと一緒に、４００ヤード向こうのティグラウンドでアドレスしている石川遼を双眼鏡で見ていた。彼のティショットは大きく左へ曲がって深いラフに入った。第２打はボールを出すだけが精一杯のところ。入れてはならないミスショットだった。

そこからの第2打はフェアウェイに出して、３オンさせてバーディ狙いに出るのが常道であるが、遼は右サイドのラフの向こうの花道を7番アイアンで狙った。しかしボールがうまく出ずにレイアップに失敗。右のラフに掴まる。そこからの３オンも失敗して、グリーン手前のバンカーに入る。

事故はそこで起きた。バンカーに入ってアドレスに入り、テークバックをとった時に右の松林の下にいたギャラリーの中から、携帯電話のカメラの音が「ジャリ」とする。

ギャラリー整理員も見張っていたが、眼が届かなかったのだろう。音の方が先だった。石川遼は、完璧に手を止めて中止し、音の方を振り向き、「やめてください！」と叫び、右手で自分の右足を3度叩いて抗議した。

選手は、1度やられると「またやられる」と恐怖感にかられる。だから本当にゴルフを知っている者なら、決して禁止されている写真はとらない。多分に初めて来たギャラリーだろう。

選手によっては、「誰？ 今とったのは誰？」とギャラリーの方に歩いて、抗議する者もいるが、遼は悲しい顔をして、自分の足を叩いて抗議した。

「あの時のカメラの妨害さえなければ」

石川遼の次のバンカーショットは、トップしてホームランして奥にこぼれる。そこからのアプローチも失敗。5オン、2パットでダブルボギーを叩いた。前のホールでバーディを決め、6アンダーとスコアを伸ばしてトップに立ったばかりだっただけに、4アンダーへの後退は辛い。

その後9番をボギーにして立ち直れず苦しむ。ギャラリーを大事にする遼だけに、ギャラリーに妨害された気持ちは、悲しいほど辛いものだった。

プレーオフで敗れたあとの記者会見では、眼に涙を浮かべて、そのときの心境を「もしもルールが……」と語った。

「もしもあの時に——」と後悔はつきものだが、あの6番をパーで上がっていたら、流れは大きく変わり、プレーオフにもつれて敗れることはなかっただろう。

「紙一重のいい勝負でした。悔しさがないとバネになりませんが、今はヤリ切った気持ちです」〔日本オープン、プレーオフ後の会見で〕

石川遼の凄さを思い知った1戦だった。これはまったく関係ないが、筆者は石川遼が17番ホールをバーディに決めて、ピンチを脱出した瞬間、神風特攻を成功させた日本海軍の若き特攻兵のことが頭に浮かんだ。

なぜ浮かんだのか。今でもよく分からない。筆者が戦争体験者で、鹿屋・知覧基地から飛び立った17、18歳の若き特攻兵の話が、脳裏に焼きつけられていたからだろう。

冷静に考えれば、若者には想像以上のパワーがある、ということである。死にもの狂いで襲った時に、神がかり的なワザが出る。そこにはいつも「生きる力を持っている」ということである。

最終日の15番を終えた時点で3組前を行く小田龍一が、先に6アンダーとスコアを伸ばして18番グリーンにいた。1アンダーでスタートして5つも伸ばしている。

最終組の石川は5アンダーから、今野は4アンダーからのスタートである。最終日に5バーディ、ノーボギーは、日本オープンでは考えられないスコアである。

石川は目前の敵、今野を意識していた。その今野も15番でバーディを決めて5アンダーと伸ばし、石川と同スコアになった。開催コースの武蔵CC豊岡コースは、上がり3ホールはパーをとることがむずかしいセッティングになっている。

16番ショートホールは226ヤードの右のグリーン。フェード系の人には攻めやすいが、ドロー系の人はギャラリーがグリーンの右サイドまで張り出しているので、右サイドから攻めにくい。

石川遼のティショットは足が止まり、こともあろうか、左のサブグリーンへ30ヤードも曲がって行った。ところが、サブグリーン上からウェッジで右グリーンのピンを狙い、2メートルに寄せる。それをワンパットのパーに決めた。ボギーなら、絶望であるが、パーにして「生きのびきれた」という感じだった。

筆者が、石川遼が特攻兵と重なったのは難ホールの17番である。372ヤードと短いが、ここでもカップの位置がむずかしく、フェアウェイからパーをとることさえ精一杯である。

石川遼は左ラフに打ち込んだ。ここでバーディを決めて6アンダーにしない限りプレーオフに残るチャンスはない。その石川の第2打は、なんと3メートル上に辛うじて止まる。ところが、入りそうもないラインを、1度仕切り直して入れてしまったのである。

一体どこに「決める」という力があるのか。「これは神様しか分からないだろうな」と思うほかなかった。まさに紙一重の戦いだった。プレーオフで小田龍一に敗れたものの、若者には測り知れない神がかりの力がある、のを見せつけられた。

第5章
スコアメイクか飛ばすか、の迷いの中で

「賞金王はプロゴルファーになって1度来るか、来ないかのチャンスです。そのチャンスは逃したくないです。マスターズに行きたい気持ちは凄く強いですから。次回は世界ランクよりも、賞金ランクで出たいです」〔2009年　三井住友ビザ太平洋マスターズ練習ラウンド〕

賞金王レースは日本オープン初日から意識してきた。しかし自分の心の中では極力意識しないように努め、もっぱらスイング改造に集中した。

ところが11月8日、世界の銀行が主催した中国でのHSBCチャンピオン終了後、石川遼は「賞金王になる」と表現が変わる。

翌9日は月曜日。HSBCチャンピオン終了時点での世界ランキングが発表された。日本選手では上位ランクは、先週までは上位だった池田を1ポイント抜いて34位に上がった。池田は35位。

このままで行けば来春4月のマスターズ招待は確実視される。前年のマスターズが特別招待という扱いでの参戦だっただけに、石川遼は自分の実力、それも日本の賞金王となって出場資格を取りたい、という気持ちに切りかわって行く。ここに、18歳の少年プロの進化が読み取れる。

つまり、自分の力で「志」に近づいて行く。

日本の賞金王は、慣例上、マスターズのほかに全米オープン、全米プロ、それに全英オープンの出場資格がとれる。

前週まで1位の池田勇太に大きく引き離されていた石川は、ＨＳＢＣチャンピオンで17位に入り、その賞金も加算されたことでその差は60万円まで肉薄した。

この年、海外トーナメント10試合に出場した石川は、ここで海外試合も終わり、残すはビッグ賞金が続く4試合のみとなった。

手首をケガしている池田との差を縮めたことで、賞金王レースは2人だけになっていた。意識の中で、はっきりと「賞金王になって来年のマスターズほかメジャー試合に挑む」ことを決意している。

すでに、彼の頭の中には、予選落ちしたマスターズ、全英オープンがある。2位で出場資格をとるよりも、賞金王として舞台に立つことでは、意識の中で大きく違ってくる。

ひとつには、オリンピックではないが、「日の丸」のフラッグもある。日本を代表してプレーしている意識もある。もっとも18歳の少年に、スーパースターのタイガー・ウッズやフィル・ミケルソン、その他実力伯仲の勇者が多いアメリカ、さらにはヨーロッパツアーの選手の中で戦わせ、優勝を期待するのは、かなり酷な話で、ここ当分可能性はない。

しかし、ゴルフファンの気持ち以上に、石川遼はその先の、また先へと走っていることに気づく。それが来季の宿泊先を、トレーナーの仲田健と一緒にジムのあるホテルにすると決めたことである。海外選手の筋肉トレーニングに刺激された彼は、２０１０年の戦い方を、この時点で決めていたように思える。

「ゴルフはショットが良ければスコアが良いというわけではなく、またパットが良ければスコアがいいというスポーツではない。明日はどうなるか分らないです。いい気持ちでスタートできるようにしたい」〔2009年　ダンロップフェニックス2日終了の記者会見〕

11月に入ると、賞金額の高いビッグトーナメントが続く。その最大の試合が、ヨーロッパツアー及びアメリカツアーのトップ選手が参戦するダンロップフェニックスである。

しかし石川遼にとっては、全米プロ選手権から15週目に入るトーナメントである。全試合を休まず、予選落ちせずに出場してきた。さすがの18歳も心身とも疲労が重なっていた。

ビッグトーナメントの住友ビザ太平洋マスターズ、ダンロップフェニックスの2試合は、前年と比べるとスコアが悪い。

ダンロップフェニックスの初日は、インコースからスタートして10番ホールから連続ボギーでの発進である。13番から連続2バーディを決めるが、17番ショートでは3パットのボギーを叩き後退する。

アウトに入ってからは、3番で3オン2パットのボギー。この日5つのボギーを叩いた。その後は6番、8、9番をバーディに決め、この日5バーディ、5ボギーのイーブンパーに終わる。

ティショットが曲がった。7番では林に打ち込んで大トラブルとなる。前方の松がスイングの支障になり、振り切ることができない。振り切った時に、前の松の幹に当たる。しかしボールは上げなければならない。

石川遼はサンドウェッジで振り抜いた。ところがフォロースルーの時、松の幹に当たってシャフトが曲がった。それでもパーをセーブする。こういうトラブルからのパーセーブ率は高い。

2日目はアウトからスタートし、4番ロングでバーディを決める。11番をバーディに決めた後の12番では、またもティショットを左の松林に打ち込んでトラブル。しかもボールは松の根元。クラブを折るまいと、無理をせず、横に出して残り200ヤードを3番アイアンで3オンに出る。そこから3パットして痛恨のダブルボギーを叩いた。スコアは4バーディ、1ボギー、1ダブルボギー、2日間のトータルを1アンダーにする。

「あのダブルボギーがなければ」

後悔するが、今はハイドローボールの完成のためと思えば、先は明るいものがある。その証拠が次の13番ミドルホール。この日もショートカットに出て松林へ。ボールは松の根元。辛うじて、

「アドレスで、ぎりぎり、フェースが入りそうだったので、根っこと根っこの間にヘッド1個分のスペースがあって、フェースを開いて入りやすいようにして打った」と、成功談を語る。使用クラブはSW。2・5メートルにつけてバーディを決める。いやはや、トラブルメーカーはトラブルに強い。

「賞金王は日本シリーズまでもつれる可能性が高いと思います。最終日になって、最後の何ホールかで争っている選手のスコアを気にするでしょ。それも楽しい。プロ生活の中で、重いものと捉えています」〔２００９年　ダンロップフェニックス最終日〕

賞金王レースが次第に終わりに近づいていた。ダンロップフェニックスでは、２日目が終わった時点では、「優勝してやる。まだ射程内にある」との思いでいたことが、最終日のコメントの中にある。

だが３日目、トータルスコアを５アンダーまで伸ばして射程圏内に入れておきたかったが伸び悩み、絶望的になった。石川遼は３日目の午前中で４ストローク伸ばす気持ちでスタートする。

ところが報道カメラにタイミングを崩され、３番、４番で連続ボギーを、さらに９番でもボギーを打つ。後半12番と13番で連続バーディを決めてスタート時点のスコア、１アンダーに戻しただけで、大きく予定が狂う。ついには打ち上げの14番でボギーを打ち、この日は１ストローク後退した。

18番ロングホールで辛うじてバーディを決めるが、上がってみるとスタート時点のスコア。本人には不満だらけの内容に、反省や後悔するばかりである。疲労はピークにきていた。

「今日は朝から体が動かなくて、もう少し、もう少しというよりも、朝一番から動ける状態ではなかった。パッティングはストロークは悪くないけど、チャンスだと思った所で距離が合わなかったです」と語っている。

しかし彼の口からは、決して「疲労」の二文字は出てこなかった。

トップは9アンダー。トップが1ストローク伸ばして10アンダーとなると、8打差で追いかける立場の石川遼には、可能性はなかった。

最終日は開き直って、新しいスイングで攻めていく。しかし4番ボギーで発進してから、出入りが多くなる。後半は13番でバーディを決めるが、この時も果敢にショートカットに出た。最終日も距離が足りず、ボールは松林の中に入る。「エッジまで22ヤード、ピンまで25ヤード」と測定して寄せに成功し、辛うじてバーディにするが、そこから伸びが止まった。ミスの連続。原因について、

「今日の練習は今シーズンで一番良かったです。練習場では出来て、コースで出来ないのは気持ちの部分だと思います。今日は上手く行くと思ってやっていたんですけど」と珍しく弱音が出た。

そしてこうも言った。「他の選手はこのホールはこういう球を打ちたいと練習していますが、ボクの場合はまだ球筋に関してはストレートしか……毎週毎週の練習では、まだ下の方です」。ちょっとうつ向いた。

4日間回って1アンダーは、賞金王レースに入った石川遼にとっては、なんともストレスのたまる大会だったようだ。順位は優勝者のE・モリナリとは12打差の22位タイ。池田との差は699万円。苦しい心境が想像できる。

「こうやって賞金王争いが出来る位置に入れることが嬉しいです。励みになります。残り2試合、チャンスあるうちに、しっかりプレーして行きたいです」〔２００９年カシオワールドオープン練習日〕

右手首を痛め、必死に賞金王に向かって戦う池田勇太は、カシオワールド欠場が噂されたが、出場が決まった。右のコメントはその知らせを聞いた時の石川遼のコメントである。普通の選手なら、

「出るんですか？　残念です」とか「やりますね。しぶといですね」といった心境をそのまま語るものである。

18歳の後輩プロには、そうではなかった。実力も技術の面でもはるかに池田より劣っているのを知っていて、むしろ自分のほうが追う身であることを自覚している。

もしも池田が出場を取りやめていたら、争う相手がいなく、無気力になっていたかも知れない。さもなければ、

「ここで休んで、体調を整えて、最終戦の日本シリーズで優勝して４０００万円を加算するつもりかな」と考えていたかもしれない。

その場合は、２つの方法が考えられる。そのひとつは、この試合で優勝してもっと引き離すこと。２つめは、日本シリーズで逆転優勝されて、賞金王も逆転されるか、という重圧に苦しむ、かである。

2人の差は、ダンロップフェニックス終了時点で、わずか699万円になった。池田はこの大会で46位タイに残った。石川はショットを曲げてトラブルしたりパットを外したりして伸び悩み22位タイ。

2人は追いつ追われつの争いになる。

しかし石川遼は、自分の方が下手だと思っているので、賞金王争いにいることが、自分の励みになると、素直な気持ちを語っている。

それには、自分の気持ちのあり方ひとつになる。気を抜くか、最終戦に備えて、調整するか、それとも、一気に優勝して、その差を広げていくか。

どちらにしても、本人の心の持ち方ひとつにかかわってくる。

石川は、気を抜かず、ベストを尽くして優勝してやろうと気合を入れて取り組む。幸い、開催コースは温暖で、ホールも広く、伸び伸びと打てた。自分で掴んだスイングでドロー系のボールを打ち、ロングホールはすべて2オンさせて行った。

彼の組を追うテレビクルーがギャラリーを轢《ひ》くというアクシデントに動揺してしまい、ちょっと戦力を欠いたが、それでも目標に向かって行った。結果は2位に入り、19位の池田との差を広げた。

「スコアだけで言えば、今日のプレーは悪い方ではなかったです。スタート順位（１組）が順位だったのでアンダーパーで回りたかった。最終日ですか？　とにかくベストを尽くして18番を堂々と上がってこられるようにしたいです」（日本シリーズ２日終了でのコメント）

２日目は好天に恵まれた。初日のスコアは、池田勇太も石川も共に８オーバーの78で、ドンケツだった。トップのB・ジョーンズは69。大きく開く。

２日目のペアリングは、またも池田と、そしてポーカーフェイスの久保谷健一との３人。スコアの悪い３人は１組、９時のスタート。

朝一番のスタート組は、グリーンが傷ついていないので恵まれる。パットが入り、予想以上のアンダーパーが出る。人によっては２ケタのアンダーパーがある。それほど、コンディションに恵まれている。

石川遼が「スタート順位云々——」というのはそのことを意味している。だが、結果がよろしくない。本人は「スコアだけで言えば今日のプレーは悪いほうではない」と言っているが、内容がよろしくない。

９番ホールは、フェアウェイのど真ん中に落として、池田を15ヤード引きはなしていた。ところが第２打で、クラブ選択を誤る。上につけて、そこから３パットしてボギーとする。

いつもの遼なら、インコースから切り返てバーディをとりに走るが、この日はリズムが悪い。ポーカーフェースの久保谷、怪我がイタイタしい池田を見ていると、いつものような爆発する情熱が湧いてこない。

本人は口に出していないが、池田の怪我をいたわっているように見える。なにしろ背中にもホカロンを貼り、手首や背中、腕はテーピングしている。満身創痍の池田と賞金王を争わねばならない立場を考えると、18歳の少年プロは、同情する感情と、全力を尽くして戦う、という気持ちが交互に出てきて、リズムが続いていない。

車でいえば、アクセルを踏んだり、ブレーキを踏んだりして坂道を下っているような感じである。

それが2日目の10番、11番の連続ボギーに表われた。10番はグリーンをオーバーさせる。11番は2オンするが、15メートル下。ワンクラブ分のミス。この長いパットを寄せきれずに痛恨の3パットでボギーを叩いた。スコアはすでに9オーバー。インに入って立ち直るどころか、ズルズルと崩れる。

17番のロングホールも、2オンに出るがグリーンをオーバーさせる。アプローチも3メートル下につける。これくらいのパットはいつでも入れていたが、ついに2パットにして、ノルマのバーディがとれない。池田はこのホールをイーグルに決め、スコアを伸ばす。

ラストホールの18番ショートではアプローチをダフり、2パットのボギーと崩れた。珍しくインに入ってノーバーディ。特にフックラインのパットを外していた。それでも最終日のことを聞かれると、「堂々とあがってくれるようにしたいです」と前向きである。

「14番のボードで池田さんがスコアを伸ばしているのを見て、気が引き締まりました。他の選手のスコアがいい方に影響を与えてもらいました」〔2009年　日本シリーズ3日終了で〕

3日目は雨が降った。

石川遼はオレンジ色のハンチング帽のツバをうしろにして、逆さにかぶってのプレー。このスタイルはテレビ中継を意識してのことだが、それにしても意表をついたスタイルである。

「真逆のゴルフができればいいな。そういうオチがつけば、なんて。そういうつもりはなかったんですけど」と、笑ってみせた。

前日、石川遼は父親のコーチをうけて、夕方まで打ち込んだ。手首を使わず、流れるスイング、そしてレートヒッティングを意識しながら、アイアンからドライバーまで打ち込む。

3日目は練習の成果が出ていた。スイングにリズムが出る。打ち上げの1番ホールの第2打を2メートルにつけてバーディで発進した。

7番から9番まで3連続バーディを決めると、6オーバーまで縮める。ところが後半になってリズムを崩す。11番あたりから雨になり、12番では傘をさして歩く。また急に冷えだした。

この12、13を連続ボギーにして二歩後退する。雨は、ヘッドスピードの速い石川遼の課題である。タイミングを崩し、パッティングのタッチが狂ってくる。

この連続ボギーを叩いた直後、彼は14番でスコアボードを見た。池田のスコアを見て驚く。5オーバーまで縮めている。池田の力なら17番でのイーグルも考えられる。「池田優勝」なら、逆転される位置である。

石川遼は、自分でバーディをとることのみしか考えないスタイルである。優勝を争っていても、他人のスコアのことは考えない主義を貫いている。だがこの日ばかりは、最後の試合で賞金王レースを考えていた。日本オープン前後から意識しはじめた賞金王レースだったが、日本シリーズの3日目ほど、意識したことはなかった。

それは3日目終了後の記者会見に、彼の心境が読み取れる。最後にこう語った。

「僕は油断していないですし、自分に対する甘い考えはゼロでプレーしたいです。自分が（賞金王に）決まったときのことは、まったく想像できないです」

雨の中で5バーディ、2ボギーの67は上出来である。ノルマの5バーディも決めた。しかも、スイング改造中の5バーディである。小ワザでとった5バーディでない。ここが石川遼のゴルフのスケールを物語る。こうも語った。

「今週はある意味でどん底からのスタートだったので、右肩上がりで3日間終わったのかな。終わったあとの練習で、いい手応えだったし」

「感無量です。18番ホールに来た時、あれほどファンの方に大拍手をいただけるとは思いませんでした。込み上げてくるものがありました。今日ゴルフを見に来てくださったゴルフファンの皆さん、メディアの皆さんに、もう一度感謝します」〈日本シリーズ終了で初の賞金王決定〉

18歳と３ヵ月の高校３年生プロが、賞金王になった。過去日本ツアーの初賞金王は、ジャンボ尾崎の26歳（１９７３年）、片山晋呉の27歳、中嶋常幸の28歳が若い。他に賞金王では青木功の34歳、尾崎直道の35歳、村上隆の31歳、前田新作の32歳、デビッド・イシイの32歳、伊沢利光の33歳である。

大体30歳前後で賞金王になっている。ジャンボ尾崎の26歳が一番若かった。プロ転向から何年目で賞金王になったか、を見ると、ジャンボ尾崎で３年目、片山で５年後、中嶋常幸が７年後、青木功になると12年後である。

それを石川遼は２年目で達成した。この記録は50年間は破られないだろう。２００９年の賞金王レースは、最終戦の日本シリーズまで縺《もつ》れた。池田が優勝すれば池田の逆転賞金王となる。結果は怪我のため全力で戦えなかった池田が伸び悩み、石川は２４９７万円の大差で、初の賞金王になった。獲得賞金額は１億８３５２万円。

記者会見は、18番グリーン上での表彰式、テレビ局のインタビューなどセレモニー終了後、東京よみうりＧＣプレスルームのインタビュー室で行なわれた。クタクタに疲れているはずだが、席に座わるなり、右のコメントが彼の口からでた。

そのあとで、「父とキャディの加藤大幸さん、ヨネックスの宇野さん、トレーナーの仲田健さんなど、チームとして1年間一緒に戦ってくださったことに感謝します」と付け加えた。

古くはアーノルド・パーマーやゲーリー・プレーヤー時代からかれこれ37年近く記者会見に立ち合って取材してきたが、これほどはっきりと感謝をこめてチーム全員の名前を出した例はない。それほど思いがこもっていたからだろう。

確かにチームで動いていると、その中の一人でも欠けたら、万全な姿勢で戦えることはできなかったはずである。また、ファンへの感謝も忘れないでいる。

「ひとたびゴルフ場にくれば、支えてくださったのはファンの皆さんです。かなり、こう、ボクにとっては、ゴルフファンの支えは、心強いものでした」

彼が、賞金王になったことで、次の年のマスターズ、全米、全英オープン、全米プロなど海外メジャー戦への出場資格が、ほぼ確定した喜びを味わうのは、会場をあとにしてからだった。

「17週連続出場し、予選落ちせず、よくやれたなと思います。今シーズンは体力づくり、スイングに取り組めた。今日は気持ちよく振れました。正直言って、このまま終わりたくないな、という気持ちです」〔日本シリーズ終了、賞金王決定後〕

日本シリーズ最終日は、D・スメイル、横尾要とのペアリングで2組目のスタート。横尾には、彼が主催したジュニア大会に、中学生だった遼が参加したことがある。その時に励まされた。いわば恩人。

その恩人とのペアリングとは、光栄この上ない。遼は、自分の成長した姿を見て欲しいという気持ちもある。だから、のびのびと、その年のシーズン最終日を、ラウンドした。

幸い池田勇太は215ストロークで、12ストロークも離されているトップの金庚泰への逆転は考えられない。その意味では、3日目終了時点で賞金王が決まったようなものである。しかし池田が大化けして、1日14アンダーを出し、金プロが伸び悩んだら、大逆転もありうるから、油断はできない。

彼は、最後の日を果敢に攻めた。アウトでの2、6をバーディ、3番ボギーの34で折り返した。テレビ中継が入った14番から連続バーディを決め、17番もバーディにして、この日だけで4つスコアを縮めた。順位は19位タイ。

優勝したのは4ストローク遅れてスタートした丸山茂樹で、スコアは32・32の64を出しての大逆転である。

この大会のさなか、石川遼が尊敬するタイガー・ウッズの女性スキャンダル問題が新聞やテレビ、インターネットで全世界中に発信された。遼もスポーツ紙で、ニュースを知り、ショックを受ける。

最終日の記者会見では、女性記者から「タイガーの不倫騒動をどう思うか」の質問が出た。そのとき、どう反応するか、筆者は近くで見守った。

彼はきっぱりとこう言った。「ボク、あまり興味ありません」

このひとことで、タイガー関係の質問は終わった。あとは来シーズンの抱負に入った。しかし石川遼は、最終日をいいフィーリングでスイングしていて、そこで終わったことをしきりに残念がる。

このままトーナメントを続けながら、彼自身がつかんだ理想のスイングを完成させたい気持ちが強かったのである。

このあたりが、いかにも石川遼らしく、余裕と進化を求める姿が読み取れる。他の選手なら、「ああ、やっとシーズンが終わった」となる。だが、石川遼はそうではない。「これから始まる」のである。だからこの日「このまま終わりたくない」と素直に語っている。

疲れを知らない18歳は、どこまで走ろうとしているのか。高い志には感服する。

第6章
トリプルアクセル打法が成功した日

「16番はエッジまで280ヤード、ピンまで300ヤードちょっとでした。ドライバーかスプーンかと迷った末に、スプーンを手にしました。最高の球筋でした。どん欲にいいショットを求めたことが、いい結果になりました」〔2009年　中日クラウンズ第1日（出場2回目）〕

中日クラウンズは、グリーンは小さくて固くて速いのが特長。狭い土地に18ホールを設計しているので、16番ホールのように短いミドルホールもある。しかし、短いなりにハザードが効いていて、16番ホールでバーディをとるのは至難のワザとなる。

その16番367ヤード打ち下ろし、左ドッグレックのパー4で、初日石川遼は3番ウッド（スプーン）でショートカットに成功してワンオンさせた。直線距離なら300ヤードだが、途中が松林で、それを越えなければワンオンは不可能となる。

パーシモンヘッド時代は直線で280ヤードだった。当時のロングヒッターのジャンボ尾崎や安田春雄らは、スプーンでティショットしてワンオンを狙った。しかし松枝に当たって途中の斜面で止まったり、コロコロと転がってグリーンの上5ヤード辺りのラフに摑まって苦戦した。

直接ワンオンさせるには、キャリーで松林を越え、グリーンエッジに落として、そこからグリーン上を転がって向こうのエッジ辺りに止める――のがベスト。

現在は、ティグラウンドが20ヤードほどうしろに退けられて長くなった。チタンドライバーで打てる距離だが、松の背丈が伸びて、遮《さえぎ》られるため、ロングヒッターでもワンオンはきびしい。

プロ2年目の石川遼は、風と松の背丈を計算にいれて、「とにかく越すこと」に切り返えてスプーンでティショットした。

ティの高さも心もち高めにして、直接松の上を狙った。彼のボールの弾道は高く、1番高い松の頂点の上を辛うじて越えてワンオンに成功した。彼は、

「最高の球筋でした」と語るが、他のプロは自信がなく、ショートカットを避けてフェアウェイのセンターに落とし、そこからSWでバーディトライに出ている。

「怖さを知らぬ若者」といえばそれまでだが、石川遼は、怖さを承知の上で、完璧なショットを求めて挑戦していた。失敗すれば寄せてパーを決めるまでのこと。運よく成功すればイーグルパットもありうる。

これが石川遼の「ゴルフの楽しみ方」であった。狙いはあくまでもバーディ。イーグルがとれるところはとるという、これまでのツアープロとは1段上の戦いを楽しんでいる。

この日は1ボギーの5バーディ。バーディの数としては1日のノルマを果たした。リカバリーも上達していて、ワンパットのパーは4ホール。パット数は合計28。スコアは4アンダーの66で4位でのスタートを切る。「アンダーで回れたからこそ、明日はゼロからの気持ちで回れる」とも語る。

「自分の甘さからトラブルを引き起こしました。トラブルも、しっかり切り返えて、なんでも最後までプレーしたいです。上がり3ホールはしっかりプレーしたいです。15番ホールは色々なことが起こりました。4打目の3番ウッドは2オンできたのですが。和合ではゴルフの基本を教わりました」〈中日クラウンズ最終日〉

帰国第3戦の中日クラウンズはトータルスコア279、1アンダーでホールアウトした。最終72ホール目は下だり、スライスラインを1パットで決めた。

上がり3ホールの16番も5メートル奥からのバーディパットを沈めた。17番ショートホールは、カップ左上8メートルからの下りスライスラインをバーディトライに出たが入らず、2パットのパーとする。

その後の18番は右のラフに。ピンまで残り135ヤードをウェッジで左上5メートルに寄せ、ワンパットで沈める。

上がり3ホールだけで2バーディで切り上げることとは、スーパースターの条件を満たしたことになる。一般のプロなら、せいぜいパープレーだが、石川遼は2バーディにまとめ切った。これには伏線がある。

それはひとホール前の15番では、痛恨のミスを犯してボギーとして、大ショックを受け、とても立ち直れそうもない心理状態だったことである。

15番ロングホールは2オン、イーグルトライのホール。ところがアッパーブローに打ち上げてハイドローのボールを放ったが、ボールは大きく左へフックしてOBラインを越えたと思われた。

本人は、OBと思い込み、「もう1個打ちます」と言って暫定球をフェアウェイに運んだ。この打ち直しのボールはみごとなハイドローとなる。

ところが、ボールを捜しに行ってみると、ボールはOBラインの内側にあってセーフだった。問題は打ち直すとき、「暫定球を打ちます」と宣言しないまま、3打目の打ち直しに入ったことである。

この場合はルール「27条の1項」により、最初のボールがセーフでも、紛失球扱いになる。もし「暫定球を打ちます」とマーカーに宣言していたら、前のボールが生き、そこから第2打に入るが、今回は「暫定球宣言」をしなかったことで損をした。

ルールはゴルフの基本で、遼は「暫定球宣言」をせず、うっかり「もう1個打ちます」と言ってしまった。もっとも打ち直しのボールはインプレーとなり、2打目で2オンして2パットのバーディだが、それに紛失球扱いの2ペナがついてボギーとした。「ゴルフの基本ということを教わりました」と言ったのは、この「不覚の措置」の反省である。

しかし落胆せず、次の16番では右サイドに立ち積極的に攻め直してバーディを決め、そのホールのボギーを帳消しにした。ここのところが凄い精神力である。

「和合コースは経験や技術の差が本当に出るコース。でも調子は上り坂、スイングも良くなっています。今年はなんとか攻略したい」〈2010年　中日クラウンズ練習日〉

中日クラウンズでは、プロ宣言した2008年が71・73の4オーバーと、したたま打ちのめされて予選落ちした。狭いホールと固いグリーン、打ち下ろし、砲台グリーンなどトリッキーなホールが多く、柔らかいショットでグリーンを狙わないとバーディチャンスはこない。

当時16歳の少年プロには、名門名古屋GC和合コースは通用しなかった。2年目は29位タイで予選を通ったが、トラブルショットに崩れ、彼の姿は林の中にいることが多くなる。

この過去2回の経験から、和合コースは、これまでの技術と経験では通用しないことを体で知らされていた。だが、3回目の石川遼には、マスターズ帰国後から取り組んだフェード系のスイング改造に手応えがあり、攻略できそうな予感がした。

和合は全体的に各ホールが短い。過去、アーノルド・パーマー、ジャック・ニクラスなどロングヒッターが出場したが、赤土の固いグリーンに手こずって苦戦した。

ロングヒッターで1995年の全英オープンに出場したジョン・デーリーなどは、ショットを曲げて、ついにシャフトを折るなどのアクシデントに見舞われて大崩れした。

和合はグリーンが小さくて固いので、第2打でグリーンを狙うにはボールが柔らかく止まるフェード系がよい。青木功が優勝したときも、受けグリーン攻略のため、「1番手」

短いアイアンで、ショート気味に打って成功した。1番手短いクラブだから届かない場合もある。それが作戦だった。

そのときは下から寄せてパーセーブに出る。手前のグリーンエッジに止まった時は、パターやランニングアプローチでバーディとりに出た。

グリーンがベント芝に変わってからはフェード系に有利となる。

石川は、雨の練習ラウンドで、改造中のフェード系のボールで攻めて、いくらか手応えを感じる。

それも今年に入って体がひと回り大きくなり、飛距離も出たことで、第2打が過去2回のときより、所によっては2クラブ短いもので攻められる自信を摑んでいる。7番で攻めるところを9番で狙えるホールもある。

短いクラブで攻めれば弾道が高いため、落下後にバウンドも少なく、止まる確率が高くなる。それだけに、距離を合わせる確率が高い。その手応えを感じとっていた。

しかし外見上は、帰国第1戦、2戦の乱れる姿を見る限り、予選落ちしそうに見えた。だが本人は、前週のつるやオープン最終日にスイングの乱れから崩れたものの「調子は上り坂、スイングも良くなっています」と、自信をのぞかせていた。それでも、記者も関係者も、外交辞令にしか受けとめていない。それが常識的な評価だった。

「内容は3日間で1番よかったけど、スコアは悪かった。でもショットは修正できた。スコアを伸ばし切れず残念です。明日、6打差は、成長して行けると思う。5、6アンダーをめざします」〔2010年　中日クラウンズ3日目終了時点〕

飛距離が伸び、手応えを感じていた石川は初日、2日ともショットを乱してスコアがまとまらない。初日は2アンダーの68で17位。2日目はイーブンパーの70で14位。スコアをまとめようとしているのか、練習ラウンドしているのか、首をかしげたくなる乱れようである。

3日目はついに1オーバーに崩れ、18位に後退した。トップに立ったのはベテランの丸山茂樹で、66・69・68の7アンダー。着実にスコアをまとめ、ベテランぶりを発揮する。さすがはアメリカツアー4勝した100戦錬磨のベテラン。当然ながら、各紙は石川から丸山の写真に切りかえた。丸山は「ボギーでも仕方ないと思うことも大切」と割り切る。

この日の石川遼は、1番バーディで発進した。続く2番ロングでティショットを右にプッシュしてOB。フェードボールに挑戦中の彼は、タイミングが合わず、ボールは右へプッシュアウトする。トリプルアクセル打法は未完成だ。

この2番は2オン、イーグルチャンスのホールだけに悔まれた。この1打のミスでボギーとする。続く3番もボギーにした。彼は振り返ってこう語る。

「あのボギーで流れを自分で止めてしまった。それ以外はいいプレーができていたのに、残念です」

インに入って10番でバーディを決め、スタート前の2アンダーに戻す。ところが今度はパットが入らない。ことごとく、全部ショートしている。13番も6メートルを外す。15番は5メートルをショートする。

16番ミドルホールはティショットをスプーンで打つが、手前グリーン前のラフ。そこからのアプローチをショートさせてバンカー。しかも目玉状態。3オン、2パットのボギーと崩れる。

18番は右のギャラリーの方へプッシュ。あわやOBとなるところ。この日は決勝に進んだ3日目の悪いパターンが出る。ペアリングが変わり、リズムを崩していた。それがパットに表われている。ことごとくショートした。

この日終了後、珍しくパットを修正しただけで練習しない。父親の勝美さんは、息子の心理状態を知っていて、「それじゃファンも減るぞ」と言った。

このひとことが、最終日のパットに表われる。遼は、ホテルに戻っても床の上でパターを修正し、8時すぎには寝た。1番悔しい思いをした夜だった。

「明日は打ち切ってやる」

しかし逆転優勝は、頭の片隅にもなかった。ただ5アンダーか6アンダーをめざし、あとは結果次第と割り切ることにした。

「今でも信じられないです。昨日まで伸び悩んでいたのに、今日この展開で……歴史ある和合に自分の名前を刻みたいと夢見ていたんですが、それがこんなに早く達成できるなんて信じられないです」〔2010年　優勝インタビュー〕

最終日の朝は4時すぎに起きた。それからは日常生活のひとつになっている、ストレッチと筋肉トレーニングをこなし、朝食をとる。

コース入りすると、パットを入念に修正した。それからドライビング練習場で打ち込み、すべてのショットをこなす。100ヤード、75ヤード、50ヤード、30ヤードと、高い球、低い球を見分けて目標地点に落とす。

帰国後に取り組んだトリプルアクセル式のタイミングを合わせたショットは、ダウンスイングでの左への体重移動がスムースになり、ミスの誤差も少なくなる。

球筋はほとんどストレートに近いフェードボール。左サイドがまったく気にならずに、振りぬけている。

スタート前、本人は「6アンダー」をめざすつもりでいた。この日は最終日のラッキーカラーである赤いズボンに赤キャップ、白の半袖シャツ、それもズボンの赤がシャツの両脇から、まるで炎のように燃え上がるデザインになっている。遼が「勝ちに行く」時の「燃えるスタイル」である。

そのためにも、最終日は一つのミスも許されないと決めていた。

スタートの1番では、2打目はピンまで45ヤード。ピタッと乗せてバーディで発進した。2番ロングは、前日OBを打って、流れを止めてしまった難ホール。ここをバーディ。4番ショートホール、5番ミドルもワンパットのバーディとして、一気に5アンダーとした。これだけで前日に目標とした5、6アンダーに達した。

「1番から4番で3バーディを取れて波に乗れました」と語る。5番でこの日、4個目のバーディを決め、早くもいつもの「1日5バーディ」のノルマを達成した。

神さまは、努力する石川遼に、「すべてを充たす」と決めたのだろうか。6番はこのコースでもっとも高い砲台グリーン。ピンの位置は分っていても、落ちてからどっちに転ぶのか、まったく見えない難ホール。行ってみるとボールはエッジ。ところがスライスラインをチップインバーディ。これで6個目のバーディ。

このあとは、ボールのフェースの角度、ボールが落ちたグリーン上の傾斜がすべて上手く行く。8、9番に続いて10、11、14、15番とバーディのラッシュ。

前日ボギーを叩いた16番はスプーンでワンオンに出たが、グリーン手前のバンカーに掴まる。そこから40センチにつけて、イージーバーディとして、この日12個目のバーディを決め、気付いた時には2位の丸山茂樹に5打差をつけて世紀の大逆転していた。

本人も「信じられない」と驚くほど、ショット、パット共にパーフェクトだった。まさに「恐るべし18歳」である。

「58のスコアは破られてもおかしくないと思う。自分にとっても、この記録は、もう過去のものです」〔優勝インタビューにて〕

記録は常に破られるためにある。

日本で1日に13バーディを決めた人がいた。鬼才といわれた戸田藤一郎プロで、1969年、公式競技のひとつ、関西プロゴルフ選手権で、11打差を逆転優勝した。

この時の戸田藤一郎のスピーチは伝説になっていて、こう言った。

「ワシは車は運転せんから、副賞のタイヤは宮本君にやる。ワシは賞金だけでええ」

逆転された宮本省三プロを、そう言って慰め、労《ねぎら》った。

もっとも当時は3日制72ホールのストロークプレー。「決勝は1日36ホール」で競われた。1アンダーの戸田選手はトップの宮本選手に11打離されて朝1番のスタート。それを67・64で回り、ノーボギーの13バーディで逆転した。1日のプレーではこれが日本1の記録。

「1日18ホール」の記録は、1988年、宮崎で行なわれたシーズン開幕戦の第一不動産カップで友利勝良プロが12バーディを出した。最終18番で右OBゾーンに打ち込み、優勝を中島和也に譲るが、この日は7連続バーディのタイ記録も作った。

1日18ホールでの12バーディは、2001年のミズノオープンでのZ・モウ（旧ビルマ）と2003年のアコムインターナショナルでの倉本昌弘、古くは1988年第一不動産カップでの友利勝良の3人がいて、石川遼は4人目。

年齢では石川遼が18歳と7ヵ月で、最年少記録である。

もっとも中日クラウンズは従来のパー72をパー70としている。他コースでの同記録も、パー72で出された12アンダーである。

和合は二つのロングホールをパー4としているから、難易度の高いコースセッティング。従前の72だったら、石川遼の力では二つのロングを2バーディ、または1イーグル、1バーディとして、あと2~3アンダーが考えられる。合計14~15アンダーという記録となる。

したがって、同じ12バーディ、1日12アンダーでも、パー72のアンダーとパー70のアンダーでは内容も意味も違うということである。

石川遼は、この18ホールの12アンダー及び18ホールの58というタイスコアの記録は、いずれ破られるもの、と感じとっている。それが試合終了後の記者会見の席で、18歳の石川遼の口から表現された。即席のコメントで、準備していたものではない。

では、この記録を破るのは誰か。

石川遼は、「それはボクです」と心の中で思ったかもしれない。

第7章

コースとの「対話」でまた進化する

「ここはなんと言いますか、実力の差が出るコースです。実力のなさを感じさせられました」（2010年　日本プロ2日目）

同じ大会で3年連続予選落ちする例はあまり聞かない。相性の問題となると、一般的に開催コースが苦手の場合である。

例えば風が右から吹くコースだと、フェード系の人は苦手になる。ボールを低く打ち出せない。そこに距離も出したい、となるとついつい力んでしまう。また風に弱いボールを打つ選手では、最初から諦める人もいた。

一例がKBCオーガスタが芥屋GCに移った頃のジャンボ尾崎で、予選落ちが多かった。これはコースの相性問題になる。のちに彼は1996年から3連続優勝を飾った。

石川遼の場合は、開催コースが変わる日本プロゴルフ選手権。初試合は群馬県のプレスCCでの同大会。プロ1年生の遼は花粉症、風邪、連続出場で体調が悪かった。発熱の中でのラウンドは、まともに歩けない状態だった。それでも言い訳せずにラウンドした。カメラマンの動きで同伴プレーヤーから苦情が出るなど、16歳の少年プロには気疲れでゴルフにならず予選落ち。

翌年は北海道での同大会で予選落ちした。冷雨の中でのラウンドだった。またマスターズ予選落ちから、スイング改造に取り組んでいたやさきのことでもある。

3回目の予選落ちは、長崎県のパサージュ琴海での大会。OBの多いコースで、シーズン初のメジャー戦は初日1アンダーの69でまあまあのスタート。しかしバーディが6個あるのに、ボギーが5ホールと波がある。この日はカメラ付き携帯電話のシャッター音に妨害されながらのラウンド。しかし本人は、「初めてゴルフを観戦された方も多いでしょうから、こういうことがあってもおかしくない、という心構えはしていました」と語るが、2日目の時はそれどころではない。スタートホールから連続3ボギー。

過去2回の大会と違い前年の賞金王であり、海外メジャー戦にも出場したトッププロである。彼の力からすればアンダーパーに戻せるはずで、本人も「今年は優勝争いができる予感」がしていた。

ところがギャラリーのカメラに妨害されて集中を欠く。3番では第2打をOB、13番ロングでは260ヤードから2オンを狙った第2打が左にOB。さらに打ち直しも同じところにOBを打ち、6オンの2パットでトリプルボギーとなり、予選カットラインをオーバーして自滅する。焦りが出ていた。

予選さえパスしておれば、難コースだけに上が伸びないので、大逆転優勝もありえたが、この日は初の「ノーバーディ」。頭の中はまっ白になっていたはず。無念の3年連続予選落ちは、辛かっただろう。

「スタートホールのOBは、たまたまタイミングが合わなかっただけです。1番ホールのスコアを気にせずに、あと17ホールあるという気持ちというか、残り17ホールで挽回しようと思いました」〈2010年　日本ゴルフツアー2R〉

一般に月イチゴルファーだと、スタートホールのティショットをOBにすると、気持ちがふさがり、取り返しができない。アベレージゴルファーではボギーの積み重ねがスコアとなるので、スタートホールでOBが出ると、「ああ、今日はこんな日か」と捨ててしまいがちになる。

しかし賞金生活者のツアープロとなると、そうはいかない。アンダーパーの世界だから、OBを打ったら2ストロークを早いうちに帳消しして、気持ちを切りかえねばならぬ。

前半でイーブンにするには2バーディ、ノーボギーで回らねばならない。ツアープロにはそれくらいのことは誰でも可能だが、しかしボギーもあるから、イーブンにするには相当のエネルギーが必要。

まず体調が万全でなければならない。そして持ち球が出て、パットが決まることが最低の条件となる。

その点では、石川遼は飛距離とパットには自信があるので、「残り17ホールで挽回すれば」という余裕があった。

考えようによっては、「あと17ホールのチャンスがある」ということである。そればかりか「17回もあるではないか」と考えれば、何も暗く考える必要はない。「人生スゴロク」なんて古いだろうが、ミスしてクヨクヨするより、野球なら9回裏の攻撃もあり、逆転もある。相手のミスもあると考えれば、もっと前向きになれる。ゴルフなら、「あと17ホールのチャンスあり」と考えれば、さらに前向きになる。

石川遼は、この朝の練習で15発だけドライバーを打ち込んだ。すべて完璧に近い球筋だった。それだけにプッシュした原因が分らなかった。近くで見ていると、上半身の捻りが速すぎてフェースの戻りが合っていない。

ジャック・ニクラスは、狭いスタートホールでは2番アイアンでティショットして、2オン・2パットを良しとしていたが、石川遼は300ヤード飛ばして残り80ヤードをサンドウェッジでバーディチャンスにつける攻め方である。

若者にはそうした大きなゴルフが求められる。20代のニクラスもそうしていた。飛ばして見せるショーマンらしさがあったが、メジャー15勝あたりから2番アイアンを多用しはじめた。つまり「完成のゴルフ」である。しかし若者には、荒ケズリのゴルフが必要だ。

ちなみにこのあとの石川のスコアは3、5、6、でバーディ、8番でボギーとして前半をイーブンにする。後半は2バーディ、1ボギー。合計1アンダーの70で、2位で予選を通過した。

「あと36ホールありますが、27ホールは（優勝）意識しないで、最後の9ホールで4、5打差なら優勝を諦めないでやりたいです」〈２０１０年　日本ゴルフツアー２R〉

国内メジャー戦で2位で予選を通過した石川に、記者団から「優勝は意識しているか」と質問が出た。

まだメジャー戦に1勝もしないで賞金王になる例は、過去1度もなかっただけに、それだけに期待も大きかった。トップとは4打差だから、可能性は充分にある。

しかしあと2日間もあるのに、優勝を意識しているかどうか聞くのは、ツアープロなら誰だって意識しているだけに変である。

問題は2日間の組み立てである。3日目にトップと2打差とか、2位に2打差といった余裕のある展開があるかどうかである。

ところが石川遼は、最終日のバックナインでの展開を、早くも意識していた。これは初めて彼なりの展開を語ったシーンである。

確かに、中日クラウンズで58を出して大逆転して以来、変わった。7、8打差をひっくり返せる自信がある。1日5バーディどころか、8バーディ、ワン・イーグルもあるから、残り9ホールで4、5打差は、射程圏内ということになる。

もっともボギーを叩かなければのことで、この点が石川遼の課題の一つ。イーグルはとるが2ボギーもありうるから、その点を見抜かれると、トップグループへの揺さぶり効果は出ない。

幸い、日本の男子ツアーの技術レベルの平均は全世界で100位前後だから、「4、5打差」で追い上げてくる石川遼を振り落とす力を持つ選手がいないのも事実である。

石川遼もその点を見込んでのことだろうが、それにしても36ホールのうち最終日のバックナインから優勝へチャージする心構えは見上げたものだ。

他の選手から見れば「小バカ」にされたようなものだが、残念ながら、客観的資料を分析すれば、そういうことになる。

このところフェード系のボールで飛ばしているから、全ホールがバーディチャンスホールという感じになる。500ヤード台のロングはイーグルチャンスホール、600ヤードでは、チップインでイーグル取りに出る気持ちで攻めているから、結果としてイージーバーディとなるので、1日に7アンダー、65以下というスコアは当然という日がくるだろう。

こうなると、中堅どころ、新人プロたちは眼中にない。ワンランク上の選手の仲間に入っていくだろう。筆者はあと2年で、どうにも手がつけられない石川遼になると信じている。彼には日本のステージが合わなくなる日がくるだろうから、JGTOはよくよく考えないといかん。

「コースと対峙してプレーすれば、また道は開けます」「15番の第２打でドライバーを使ったのは、なるべくグリーン近くに行ってくれればバーディがあると思ったからでした」〔２０１０年　日本ツアー選手権初日〕

メジャー戦２戦目の日本ツアー選手権シティ杯初日、石川遼は13番打ち上げのショートホールでボギーを叩いた。続いて打ち上げ、打ち下ろしのパー４でもボギーを叩き躓《つまず》く。

石川のウィークポイントは打ち下ろしホールの攻め方である。力まかせに打つよう筋肉が反応するため、目一杯短めのクラブで挑み、失敗する。

また、打ち下ろしが続く14番ホールはまるでスキー場を思わせる長くて、高低差が30メートル近い。フルバックのティグラウンドに立つとフェアウェイは、１本の細い線にしか見えない。その線を、ちょっとでもブレると左右のラフに入る。サイドスピン量が増えたり、アゲンストの風が吹き上げてくると、ラフの向こうにある林の中に入る。

このホールで、石川遼は低いボールが打てずにボールを曲げ、連続２ボギーを叩いた。

１日５バーディをノルマにしている本人にしてみれば、いつでも取り戻せる自信はある。ツアープロはアンダーパーの積み重ねの戦い。マイナスになるボギーは、たとえ林の中からだろうと、３打で寄せて、ロングホールならバーディを、パー４ならパーセーブしなければならない。

この点が石川遼の課題のひとつである。

さて15番ロングホールはやや打ち下ろしになる。2ボギーを叩いたあとのティショットは、左サイドのフェアウェイをキープした。

このホールも左右が狭く、心もち打ち下ろし。風に逆らわぬためなら、スプーンではなく2番アイアンでいきたいところだった。それにしては距離が長い。

石川は、ここでホールと対話している。グリーンまではまだ300ヤードある。スプーンだと球が上がって、左右のブレも考えられる。2番アイアンでは、2オンは無理。そこで「ドライバーで近づける」との答えを引き出す。

この「地（直）ドラ」はあまり練習したこともない。過去、彼が「地ドラ」でグリーンを狙った記憶もない。

一般にボールのライが心もち浮いているとか、アップヒルのライの時に有効であるが、危険と隣り合わせでもある。遼の15番第2打は逆に心もちダウンヒルだった。彼は低く出して花道を狙った。これがみごとに成功する。ボールは花道を駆け上がった。3打で寄せてバーディを決め、気持ちをスイッチした。

「英断」で成功したいい例で、何でもやれる若武者ぶりを発揮する。

「まだ50%の力が余っています」（3日目）「体力には余裕があり、これからでも回りたいほどです」（最終日）（2010年　全英オープン最終日）

この2010年の全英オープンは聖地セントアンドルーズで記念の第150回大会となった。ひと月前の全米オープンでは予選ラウンドでトップグループをキープしたが、最終日は力尽きて崩れた。

原因は4日間の体力の配分のミスだった。そのことを深く反省し、ひと月後の全英オープンでは4日間をそれぞれ25%の体力配分と決めて挑んだ。初日、2日を全力で走ってトップグループに入ることもできたが、全米オープンの体力配分を反省して、突撃したい気持ちを抑えていた。

同伴プレーヤーはまたもトム・ワトソン。昨年の全英オープンではプレーオフで敗れ今年はセントアンドルーズ大会で優勝するかと注目されたが、夢は叶わなかった。

ペアリングはスポンサーサイド、放送局、そして主催者の合意のもとで決定されるが、ワトソンは5年後のセントアンドルーズ大会には年齢的にも不可能で、これが最後と決めていた。

いわば最年長のワトソンと最年少の石川遼の組み合わせは、ワトソンのゴルフ哲学を石川遼に伝授させる機会とも受けとれた。

かつてマスターズで、ニクラスがタイガー・ウッズにバトンタッチしたように、石川遼はトム・ワトソンからバトンタッチを受けた、と言ってよい。

その石川遼はワトソンの予選落ちを、心から悲しんだ。2日目の記者会見は、終始下向きの顔で答えた。本戦に入った3日目は、スコアメイクに走り出したが、全米オープンのことを考え、セーブした。スタートホールはこの大会用の秘密兵器ゼロ番アイアンでティショットして、アゲンストの風の中を280ヤード先まで無難に転がした。

スコアは初日68、2日目73として3日目は強風の中で75と崩れてイーブンパーに後退する。だが石川遼には体力が余っていて、「まだ50％残っている」と無念の胸中を語った。本当は3日目で25％使い、残り25％を最終日に使うつもりでいたが、出し切れなかったのである。

最終日は2アンダーにして27位に入ったが、それでも「体力が余っている。これからでも回りたい」と、調整の失敗を反省する。

初めてのセントアンドルーズでの試合では、過去21歳のボビー・ジョーンズが11番ショートで大叩きし、スコアを数え切れず、泣きながらカードをバリッとやぶって泣きながら歩いたが、初体験とは、そんなものである。

石川遼には5年後のこともある。その意味ではいい体験をした。意識的に、右肘を体につけてバックスイングをとりドローボールを打っていたが、2年後には大化けするだろう。

石川遼の戦績表（2007〜2010年）

（注）無印と—は出場せず。

トーナメント名（順序の変更あり）	アマ 2007	プロ1年 2008	プロ2年 2009	プロ3年 2010
●国内ツアー				
東建ホームメイト		5T	37T	予落
つるや		42T	予落	11T
中日クラウンズ		予落	29T	V
日本プロゴルフ選手権		予落	予落	予落
マンシングウェアKSB	V	予落		
三菱ダイヤモンド		予落	30T	32T
ミズノオープンよみうり		56T	V	52T
UBSツアー選手権		予落	50T	15T
サン・クロレラ		3T	10T	28T
長嶋茂雄セガサミー		41T	V	14T
関西オープン		V	31T	—
KBCオーガスタ		39T	3	6T
フジサンケイ	15T	17T	V	V
ANAオープン		予落	18T	12T
パナソニックオープン		予落	16T	13T

	2007	2008	2009	2010
コカ・コーラ東海クラシック	44T	予落	V	4T
キヤノン		21T	｜	2
日本オープン	予落	2	2T	8T
ブリヂストンオープン	予落	12T	20T	22T
マイナビABCチャンピオン		V	6T	2
レクサス		予落	｜	｜
三井住友ビザ太平洋	38T	5T	4T	V
ダンロップフェニックス	32T	2	22T	33T
カシオワールド	｜	13T	2	8T
日本シリーズ	24T	5T	19T	7T
●海外・メジャー	2007	2008	2009	2010
マスターズ			予落	予落
全米オープン		予落	｜	33T
全英オープン			予落	27T
全米プロ			56T	予落
WGC－HSBC			17T	｜

あとがき

石川遼(19歳)は、マスターズ3度目の出場で予選を突破し20位タイに入った。大きな第一歩である。

　彼の言葉に対して、「あれは原稿を用意しているのか」「父親に言わされているのではないか」などの質問を受けた。その度に私は、「父親は話下手。あれは正真正銘、本人のインスピレーション。主語述語、敬語を込めて素直に、自然体で表現している。飾りもなければ気を衒《てら》うこともしない。表現力が豊かで、遼君には原稿なんて必要ない。日本の首相は遼君を見習うべきだ」と豪語したものである。

　たかがゴルフである。しかしゴルフは360度全方位の感覚と体力と精神力が要求される。まして一打一球に命をかけるツアープロの世界はもっと厳しい。1打のミスが予選落ちの原因になるし、優勝パット外しにつながる。国内のメジャー戦でわずか90センチのパットを外したばかりに優勝できず、その時の傷心から立ち直れずにこの世を去って逝ったプロもいた。

いつか私は本格的なゴルフ小説、それも純文学手法で書いてみたいと思う。そういう気持ちにさせてくれるのが他ならぬ石川遼君であった。また、彼が記者会見でその日のラウンド展開を語る言葉がこの本の執筆動機でもあった。石川遼の成長過程を知るドキュメントでもある。それを私なりに分析してみた。この本が同世代の青少年たちに少しでもヒントになれば光栄である。

この本の出版にあたり浜正史社長にご無理をかけました。深く感謝致します。

平成23年4月14日

早瀬利之

早瀬利之（はやせ・としゆき）
1940年生まれ。鹿児島大学卒。
雑誌編集記者から「アサヒゴルフ」編集長。
後に作家・ゴルフ評論家。剣道五段。
ゴルフ関係では「右手、戸田藤一郎の生涯」「遥かなるスコットランド―井上誠一伝」「ジャンボ」（ネスコ・文春）、「杉原輝雄、もう一度勝ちたい」（河出書房）。「遼、走る」（元就出版社）
剣道関係では「タイガーモリと呼ばれた男」「気の剣―斎村五郎伝」「昭和の武蔵―中倉清の生涯」など。
第二回ミズノスポーツライター賞受賞。日本ペンクラブ会員。

石川遼「志」一直線
―戦い続ける若武者言行録―

二〇一一年五月二九日　第一刷発行

著　者　早瀬利之
発行者　浜　正史
発行所　株式会社　元就出版社
〒一七一―〇〇二二
東京都豊島区南池袋四―二〇―九
サンロードビル二F・B
電話　〇三―三九八六―七七三六
FAX　〇三―三九八七―二五八〇
印刷所　中央精版印刷
装　丁　純谷祥一

ISBN978-4-86106-198-1　C0075

早瀬利之 著

遼、走る ―石川少年マスターズへの道

トッププロに到達した石川遼の原点と軌跡
遼の知られざる素顔

■定価一四七〇円